◆ ◆ ◆

¡Sueñe su camino al éxito!

Los sueños son, por desgracia, uno de los aspectos más descuidados de nuestra conciencia. Raras veces recordados o tenidos en cuenta, parecen ser sólo una extraña colección de imágenes divertidas o inquietantes que nuestras mentes crean sin ningún motivo concreto.

Pero, ¡nada podría estar más lejos de la realidad! A través de un lenguaje propio, los sueños contienen información valiosa sobre nosotros mismos, la cual, apropiadamente analizada y comprendida, puede cambiar nuestras vidas. En este fascinante libro, la autora proporciona información que le permitirá interpretar e incluso crear sus propios sueños.

Aprenderá cómo entender el lenguaje y los símbolos que la mente utiliza para disfrazar nuestros conflictos más profundos. Aprenderá también cómo recordar sus sueños, como llevar un diario y como prepararse para el sueño de forma que pueda soñar más efectivamente. En el extenso Diccionario de Sueños podrá buscar el significado de cientos de imágenes oníricas. Este libro le mostrará como practicar el sueño creativo, es decir, el control consciente de los sueños mientras duerme.

Comprendiendo sus sueños, usted no solo se entenderá a sí mismo sino que también entenderá a los demás y su relación con usted. *Sueños, lo que significan para usted* proporcionará el conocimiento necesario para su análisis, que Freud denominó "camino regio" a la mente inconsciente. Una vez aprenda a controlar sus sueños, sus horizontes se extenderán y sus posibilidades de exito se centuplicarán.

◆◆◆

Sobre la autora

Migene González-Wippler nació en Puerto Rico y es licenciada en Psicología y Antropología por las universidades de Puerto Rico y Columbia. Ha trabajado como redactora científica para la Interscience Division de John Wiley, el Instituto Americano de Física y el museo de Historia Natural Americano de Nueva York, y como redactora de inglés para las Naciones Unidas en Viena, donde ha vivido durante muchos años.

Para escribir a la autora

Para contactar o escribir a la autora, o si desea más información sobre esta publicación, envíe su correspondencia a Llewellyn Español para ser remitida a la autora. La casa editora y la autora agradecen su interés y comentarios en la lectura de este libro y sus beneficios obtenidos. Llewellyn Español no garantiza que todas las cartas enviadas serán contestadas, pero si le aseguramos que serán remitidas a la autora. Favor escribir a:

Migene González-Wippler
c/o Llewellyn Español
P.O. Box 64383, Dept. 1-56718-881-8
St. Paul, MN 55164-0383 U.S.A.

Incluya un sobre estampillado con su dirección y $US1.00
para cubrir costos de correo. Fuera de los Estados Unidos
incluya un cupón de correo internacional

Migene González-Wippler

SUEÑOS

LO QUE SIGNIFICAN PARA USTED

Llewellyn Español
St. Paul, MN 55164-0383, U.S.A.

Impresión original en inglés, 1980
PRIMERA EDICIÓN EN ESPAÑOL
Novena impresión, 2005

Edición, coordinación y diseño: Edgar Rojas
Diseño de la portada: Anne Marie Garrison
Traducción al español: Francisco García
Título original: *Dreams & What They Mean to You*
Traducción: Francisco García

Library of Congress Cataloging-in-Publication Data
Biblioteca del Congreso. Información sobre ésta publicación.

González-Wippler, Migene
  [Dreams and what they mean to you. Spanish]
  Sueños : lo que significan para usted / Migene González-Wippler.
    p. cm.
  ISBN 1-56718-881-8 (trade pbk.)
  1. Dreams.   I. Title.
BF1091.G6618 1996
154.6'3--dc20
                                                        96-30418
                                                        CIP

Llewellyn Español
Una división de Llewellyn Worldwide, Ltd.
P.O. Box 64383, Dept. 1-56718-881-8
St. Paul, Minnesota 55164-0383 U.S.A
www.llewellynespanol.com
Impreso en los Estados Unidos de América

◆ ◆ ◆

Sueña el rico en su riqueza,
que más cuidados le ofrece;
sueña el pobre que padece
su miseria y su pobreza;
Sueña el que afana y pretende,
sueña el que agravia y ofende,
y en el mundo, en conclusión,
todos sueñan lo que son,
aunque ninguno lo entiende...

¿Qué es la vida? Un frenesi.
¿Qué es la vida? Una ilusión,
una sombra, una ficción,
y el mayor bien es pequeño,
que toda la vida es sueño,
y los sueños sueños son.

La vida es sueño
Escena XIX
Don Pedro Calderón de la Barca
Circa 1635 AD

◆ ◆ ◆

Indice de contenidos

♦♦♦

Prefacio

Sueños

Pasamos en promedio un tercio de nuestra vida durmiendo y de este tercio una buena porción soñando.

En la antigüedad, los sueños se utilizaban para obtener conocimiento y curación bajo la guía de terapeutas y sacerdotes. Sin embargo, en nuestro mundo moderno sabemos muy poco sobre la naturaleza de los sueños, su poder, o sobre los niveles de conciencia a los que éstos acceden.

Es un hecho científico que todos soñamos. Investigaciones han demostrado, sin embargo, no solo que todos soñamos sino que aquellas personas a las que se les impide soñar (despertandolas cuando empieza la etapa REM del sueño) caen física y psíquicamente enfermas. ¡No solo es vital para nuestra salud dormir sino también soñar!

¿Por qué? Porque los sueños forman parte de nuestra conciencia global. Nuestra vida onírica es tan vital, aunque de forma diferente, como nuestro estado de vigilia.

Una vez que aceptamos este hecho, el siguiente paso es tomar conciencia de que nuestra actitud hacia los sueños es un error, tan peligroso como no seguir una dieta nutritiva, descuidar nuestra higiene personal o mostrarnos irresponsables tras el volante de un coche.

La negligencia hacia el soñar nos priva de llevar una vida más rica y completa. En otras palabras, no sólo nos aparta del conocimiento; también puede, en raras circunstancias, conllevar el riesgo de comportamientos aberrantes y compulsivos.

La vigilia representa sólo una pequeña parte de nuestra conciencia total, menos del diez por ciento. Nuestra vida onírica representa también una pequeña parte de nuestra conciencia total, pero es el "umbral" hacia otras dimensiones mayores.

¿Cómo accedemos a esos otros mundos y dimensiones? Primero, prestando atención a nuestros sueños, aprendiendo a comprender sus mensajes y como comunicar nuestras necesidades y metas de la vigilia a nuestra vida onírica.

Este extraordinario libro le muestra los grandes beneficios que obtendrá al hacerlo. No habrá ningún aspecto de su vida que no responda favorablemente a las técnicas aquí dadas. *Sueños, lo que significan para usted* puede proporcionarle éxito y dinero en el mundo material, llevarlo a romances, placer, mejorar su matrimonio y la vida sexual, darle respuestas concretas a cuestiones importantes, mejorar su salud y abrir puertas hacia el crecimiento espiritual.

El método es sencillo y muy gratificante ¡No malgaste el tercio de su vida que puede darle acceso al otro noventa por ciento de su conciencia! ¡Empiece ahora, empiece esta noche! Vivirá las veinticuatro horas del día con plenitud.

El poder de los sueños es suyo.

Carl Llewellyn Wescheke

Capítulo 1 •

Comprendiendo la mente humana

Creo que es cierto que los sueños son la verdadera
interpretación de nuestras inclinaciones,
pero se requiere arte para ordenarlos y entenderlos.

• **Montaigne**, *Ensayos II, xll* •

Desde sus orígenes, el hombre se ha sentido fascinado por los misterios de la mente tratando de penetrar en los intrincados laberintos de sus procesos mentales de mil maneras. Pero, incluso hoy en día, a pesar de los descubrimientos y adelantos en el campo de la psicología, el hombre continúa haciéndose la eterna pregunta: ¿Que es la mente?

La definición de la mente según Platón

Grandes pensadores han intentado responder a esta pregunta. Platón definía la mente como una cualidad espiritual dada por los dioses, separada de lo que el llamaba "el tosco cuerpo material". Nuestros sentidos, la vista, el tacto y el oído, a menudo nos engañan. Pero, a través de la razón que nace de la mente, podemos llegar a un conocimiento y comprensión verdaderos.

Para Platón, la razón era el vehículo mediante el cual podíamos utilizar las experiencias sensoriales y el recuerdo de situaciones pasadas como material para un proceso de síntesis, análisis y clasificación que nos ayudaba a entender el mundo que nos rodeaba. Las ideas, un termino acuñado por Platón, eran ciertas cualidades o esencias de la mente que aprendíamos a identificar como "cualidades permanentes" y que impartían constantemente su forma y carácter invariables a nuestras vidas transitorias sobre la tierra. Entre las ideas él incluía la belleza, la verdad, la fe, la esperanza y todos los pensamientos abstractos.

El argumento de Aristóteles

Aristóteles, el famoso discípulo de Platón, difería en algunos puntos de su gran maestro. Para Aristóteles, el cuerpo tenía unos poderes psíquicos misteriosos que él asociaba con la existencia del alma en el hombre. Por alma él se refería a la energía vital presente en todos los seres vivientes. En su aspecto más primitivo, el alma nutritiva, mantiene todos los cuerpos vivos alimentándose, creciendo y reproduciéndose según su género. Como alma es sensible a las emociones así como el asiento de la memoria. Finalmente, como alma, piensa, juzga y razona. Es la mente. A diferencia de Platón, Aristóteles creía que tanto los sentidos como la mente tenían un lazo común en el alma humana. Pero ambos coincidían en un punto básico: los impresionantes poderes de la mente.

Después de la muerte de Aristóteles, pasaron casi dos mil años antes de que otro gran filósofo se decidiera a buscar nuevas respuestas a las preguntas sobre la mente. Este fue Rene Descartes, sin duda el más importante de los filósofos franceses.

El discurso de Descartes

Descartes, quien escribió "Pienso, luego existo", redefinió el pensamiento como el total de los procesos mentales conscientes, incluyendo sentimientos, sensaciones, razonamiento intelectual y voluntad. Profundizó en la división que Platón había hecho entre mente y cuerpo al insistir en que la sensación era una función más de la mente que del cuerpo. Descartes creía que todos los procesos que animan al hombre estaban controlados por la mente. Su teoría más osada fue la que decía que la mente tenía ideas "innatas" con las que todos nacíamos. Para él, la mente trabajaba constantemente, incluso durante el sueño.

Las teorías de Descartes originaron un auténtico mar de controversia entre los humanistas de su época. Algunos, como John Locke, las rechazaron por completo. Otros, como Baruch Spinoza, las aceptaron aunque con reservas. Entre los contemporáneos de Descartes, Spinoza fue el más importante debido a la influencia que ejercería siglos más tarde en uno de los pensadores más innovadores de todos los tiempos, Freud.

El nacimiento de la psicología

Cuando Freud nació en Austria en 1856, la disciplina de la psicología estaba todavía en etapa de desarrollo. A los seis años de haber nacido Freud, un profesor alemán llamado Gustav Theodor Fechner decidió que la mente y su relación con la materia podían medirse científicamente. Diez años más tarde, Fechner publicó su famoso trabajo *Elementos de psicofísisa*, en el que exponía al mundo su técnica para medir los procesos mentales.

Los estudios de Fechner fueron seguidos por los de Wilhelm Wundt, cuyo interés se centraba en la sensación. Wundt llevó a cabo numerosos experimentos en los que intentaba desglosar la experiencia en elementos sensoriales. En esos experimentos, los estudiantes de su laboratorio miraron fijamente luces que parpadeaban, escucharon el sonido de metrónomos y se pincharon unos a otros con agujas. Su propósito era analizar lo que oían, veían y sentían. El primer trabajo importante de Wundt, *Principios de psicología fisiológica*, se publicó en 1874.

Al trabajo pionero de Fechner y Wundt siguió el de muchos científicos a ambas orillas del Atlántico. En los Estados Unidos, William James, ilustre hermano del novelista Henry James, volcó su atención en la conciencia humana, que describió como continua y selectiva. Su gran libro, *Principios de psicología*, que publicó en 1890, todavía se utiliza como libro de texto en las universidades.

El camino se divide

A mediados de la década de los años 1910 se habían formado dos escuelas de psicología experimental. Una era la Escuela Americana Behaviorista y la otra la Escuela Alemana de la Gestalt. Los Behavioristas creían que el estudio de las acciones del hombre puede ayudar a comprender las razones de su comportamiento y con ello arrojar luz sobre sus procesos mentales. Por otro lado, los psicólogos de la Gestalt se centraban en la percepción. Su tesis principal es que tenemos tendencia a percibir lo completo antes de percibir sus partes. Esto les llevó a creer que llegamos a una percepción inmediata y significativa gracias a la capacidad de la mente para establecer conexiones. Así, aprendemos la tonada de una canción antes de aprender sus notas y percibimos la forma y la belleza de una rosa antes de ser conscientes de sus pétalos, su tallo y sus hojas.

Las escuelas Behaviorista y Gestalt todavía siguen activas y, aunque sus enfoques del estudio de la mente son completamente diferentes, a menudo combinan sus puntos de vista.

El inconsciente de Freud

Mientras los psicólogos del Behaviorismo y de la Gestalt se ocupaban de los procesos de la mente consciente, en Viena Freud se consagraba al estudio de la mente inconsciente profunda. Después de graduarse en medicina en 1885, Freud viajó a París para estudiar hipnosis bajo la supervisión del famoso profesor y neurólogo Jean Marie Charcot. El interés de Freud en los métodos de Charcot se centraba principalmente en la utilización que hacía el francés de la hipnosis en el tratamiento de la histeria.

Cuando Freud volvió a Viena, empezó a desarrollar a fondo sus teorías sobre el inconsciente. Después de un breve y abortado intento de trabajo en colaboración con Josef Breuer, uno de su colegas médicos, decidió trabajar por su cuenta en su creencia de que las emociones y las motivaciones inconscientes eran los principales motores en nuestras vidas, más que la inteligencia. Estas ideas, así como su convencimiento de la importancia de la sexualidad infantil en el desarrollo de la personalidad, lo apartaron de la mayoría de sus colegas, que defendían la teoría de que el hombre era esencialmente un ser racional. Durante un tiempo Freud sufrió el ostracismo del resto de la comunidad científica, pero fué fiel a sus teorías. Con el tiempo, el mundo tuvo que reconocer la importancia de sus contribuciones al campo de la psicología.

El concepto freudiano de represión

Freud creía que por lo general el individuo rechaza todos los impulsos hostiles y destructivos, así como las formas de gratificación sexual socialmente inaceptables. Estos impulsos antisociales son muy desagradables de reconocer por el yo consciente de un ser humano civilizado. La conciencia de esos impulsos genera ansiedad en el individuo, bloqueando los impulsos negativos mediante un proceso que Freud denominó "represión".

El concepto de impulso sexual freudiano

Su teoría de la represión fue seguida por otra sobre la sexualidad humana. El llamó al instinto sexual "líbido" y señaló que la vida sexual del individuo empieza en el momento de su nacimiento Según su punto de vista, el líbido de una persona podía satisfacerse de muchas maneras, por ejemplo mediante una actividad física vigorosa, deportes o mediante la creatividad. El líbido es reprimido a menudo debido a las demandas de la sociedad sobre el individuo. Esto crea un gran conflicto en la personalidad. Por consiguiente, tienen que encontrarse nuevas salidas para aliviar la ansiedad originada por los instintos sexuales reprimidos.

Freud creía que el instinto sexual era uno de los dos instintos principales en la personalidad. El segundo instinto era el de conservación. El combinaba estos dos impulsos en uno, "la pulsión de vida", al que denomino "Eros". Pensaba que la pulsión de vida podía desviar otro instinto básico, "la pulsión de muerte", del individuo y dirigirlo hacia otros en forma de "agresión" hacia el exterior.

El Ello, el Yo y el Superyo

Sus observaciones posteriores de la personalidad humana, especialmente en soldados con neurosis de guerra, llevaron a Freud a proponer una división de la personalidad que habría de convertirse en la columna vertebral de la psicología freudiana. En esta división, Freud veía la personalidad humana formada por tres partes bien relacionadas: el **Ello**, el **Yo** y el **Superyo**.

El **Ello** es inconsciente y está formado por deseos e instintos primitivos que buscan una gratificación sin que le importen las consecuencias para el individuo.

El **Yo** es la parte consciente de la personalidad y está entre el Ello y el mundo real, actuando como mediador entre los dos.

El **Superyo** es parcialmente consciente e incita al individuo a resistir los impulsos negativos del Ello y, en su lugar, cultivar los ideales humanos más altos y nobles. En cierto modo, actúa como una "conciencia" y juzga con severidad el buen y el mal comportamiento. La obediencia a los impulsos del Superyo produce sentimientos de bienestar y felicidad, mientras que la desobediencia hace que el individuo se sienta culpable e inútil.

La función del Yo

El Yo, atrapado entre las demandas y los apuros del Ello y del Superyo, sufre intensas presiones y conflictos. El resultado de esta lucha y como afecta al Yo es lo que forma la personalidad humana. Cuando el Yo consigue armonizar los deseos del Ello y del Superyo, da como resultado una personalidad sana y equilibrada. Cuando el Yo no consigue armonizarlos, la personalidad puede resultar dañada y desembocar en una neurosis o en ansiedad aguda. Si el daño es tan grave que el Yo deja de funcionar, el resultado es la psicosis o la enfermedad mental.

Los impulsos reprimidos del Ello y del Superyo pugnan conti-
nuamente por expresarse y obtener gratificación ejerciendo una
poderosa influencia sobre la personalidad. El individuo no puede
describir estos impulsos, pero éstos emergen mediante imágenes
simbólicas disfrazadas en el lapsus linguae, los olvidos y los sueños.

Los sueños como clave para el inconsciente

Freud pronto se dió cuenta de que los sueños podían proporcionarle pistas de un valor incalculable sobre los sentimientos reprimidos que causaban desorden psicológico en el paciente. Con el
tiempo desarrolló una teoría que explicaba que los sueños son la
mejor documentación posible sobre el inconsciente humano. La
razón por la cual los sueños son siempre simbólicos en esencia,
según Freud, es que muy a menudo estos representan un deseo
inconsciente que es socialmente inaceptable o demasiado horrible o desagradable para que se le permita acceder a la conciencia
exterior, incluso bajo la forma de un sueño. Por ello se los dis-
fraza con una apariencia simbólica. De esta forma, pueden ser
liberados del inconsciente, aliviándolo de ansiedad y represión
sin ofender la sensibilidad de la personalidad consciente.

Libre asociación

En los comienzos de su práctica psicológica, Freud utilizaba las
técnicas de hipnosis que aprendió de Charcot, pero luego com-
prendió que este sistema presentaba demasiados inconvenientes
que entorpecían con el progreso. Algunos de sus pacientes no
podían ser hipnotizados. Aquellos que sí podían no siempre res-
pondían a sus sugestiones. Esto llevó a Freud a buscar una aproxi-
mación alternativa al inconsciente; finalmente desarrolló una técnica que denominó "libre asociación" donde pedía a los pacientes que se acostaran en un diván y hablaran de la primera cosa

que se les ocurriera. Freud descubrió que podía rastrear fuertes impulsos emocionales y las fuentes de las ansiedades y neurosis mentales en las divagaciones a menudo inconexas de sus pacientes. Esto llegó a ser el nacimiento del psicoanálisis.

Con todo, los sueños siguieron siendo la principal fuente de información sobre los procesos ocultos del inconsciente humano. En 1900, Freud publicó su obra clásica sobre el tema, La interpretación de los sueños, todavía en uso en la psicología moderna.

Jung se une a la investigación

De todos los discípulos de Freud, el más famoso fue el psiquiatra suizo Carl Gustav Jung. Conceptos como *extrovertido* e *introvertido* son algunas de las contribuciones duraderas de Jung al campo de la psicología.

Aunque fascinado por las ideas de Freud sobre el inconsciente, Jung pronto se separó de Freud debido al gran énfasis que éste último daba a la sexualidad. Las doctrinas de Jung, que más adelante serían conocidas como Psicología Analítica, estaban profundamente influidas por mitos, misticismo, metafísica y experiencia religiosa. El trabajo de Freud era demasiado materialista y biológico en su orientación y no concordaba con el convencimiento de Jung de la importancia del lado histórico y espiritual del hombre. Cuando Jung publicó su revolucionario trabajo *Psicología del inconsciente* en 1912, la ruptura formal entre los dos grandes hombres se completó.

Jung difiere

Jung redefinió algunos de los términos freudianos en el desarrollo de su teoría psicológica. Por ejemplo, redefinió Yo como el complejo de representación que constituye el centro de la conciencia de un individuo y que parece poseer un alto grado de continuidad e identidad. Jung veía al Yo como un "complejo autónomo" que estaba en el centro de la conciencia. Así, vemos que mientras para Freud el Yo formaba todos los componentes de la personalidad consciente, para Jung el Yo es sólo el centro de la identidad personal, el Mí, mientras que el consciente es la manifestación de la conciencia de sí mismo y del mundo exterior del individuo.

Otro término freudiano redefinido por Jung fue *líbido*. Para Freud, esta palabra representaba todo el complejo de los impulsos sexuales del ser humano. Para Jung significaba la energía de los procesos de vida. Jung utilizó a menudo dos términos intercambiables para definir la energía que opera en la psiquis. Uno de los términos era líbido y el otro era energía psíquica. La principal diferencia entre el concepto de líbido en Freud y en Jung es que Jung trabaja con un concepto de la energía más amplio y flexible. Para él, el líbido o energía psíquica tenía dos vertientes: la energía cósmica y la energía manifestada en la psiquis del hombre.

La conciencia como la definía Jung

Jung difería también de la psicología freudiana en su concepto de los diferentes niveles de la conciencia. El concebía la psiquis integrada por tres estratos. En la superficie está la Conciencia; por debajo ésta el Inconsciente Personal y en la base está el Inconsciente Objetivo o Colectivo.

La Conciencia contiene las actitudes del individuo, su Yo, sus accesos al entorno exterior. Es también el asiento de los procesos racionales y lógicos. No es sólo la cara que presenta al mundo, sino también su conciencia de ese mundo y cómo le hace frente.

El **Inconsciente Personal** alberga los contenidos psíquicos que han sido reprimidos desde la conciencia, en forma deliberada o sin saberlo, así como aquellos deseos que todavía no han alcanzado el nivel consciente de la personalidad. En muchos aspectos, el Inconsciente Personal se parece al concepto de Freud de Ello, pero Jung lo concibió sólo como "más o menos la capa superficial del inconsciente". Contiene fantasías, sueños e ideologías de un carácter personal, que son el resultado de experiencias propias, cosas olvidadas o reprimidas.

El **Inconsciente Objetivo o Colectivo** es la zona más amplia y profunda de la psiquis. Jung pensaba que esta parte del inconsciente humano es la base de todos los recuerdos de la Humanidad y contiene las raíces de las cuatro funciones psicológicas: sensación, intuición, pensamiento y sentimiento.

El Inconsciente Colectivo es el depósito de las huellas de los recuerdos latentes de toda la historia del hombre. Es común a todos los seres humanos y contiene todo el conocimiento y la sabiduría del pasado. Así, en principio, según las teorías de Jung, *el inconsciente humano tiene todas las respuestas a cualquier posible pregunta sobre los orígenes del hombre.* Todos nuestros miedos, deseos e inclinaciones latentes también vienen del Inconsciente Colectivo, y tanto el Yo como el Inconsciente Personal se fundamentan en él.

Arquetipos

Una gran parte del Inconsciente Colectivo está integrado por aquellos componentes básicos de la psiquis humana que Jung denominó **arquetipos**. Un arquetipo es un concepto universal compuesto por una gran proporción de emoción y mito.

El concepto de arquetipo es muy importante para entender la simbología de los sueños, ya que explica el porqué algunas imágenes oníricas parecen tener un significado universal aplicables a toda la raza humana, mientras que otras imágenes están muy personalizadas y solo conciernen a cada soñador.

Jung concibió el arquetipo como un "complejo autónomo", siendo una parte de la psiquis que se separa de la conciencia hasta tal punto que parece ser independiente del resto de la personalidad llevando una vida autónoma. Esta no es una situación anormal en sí, ya que sólo se le permite destacar ciertos aspectos de la personalidad mientras que la conciencia mantiene un control completo sobre las diferentes partes de la psiquis.

Los tipos principales de complejos autónomos o arquetipos concebidos por Jung como parte de la psiquis son la Persona, la Sombra, el Anima y el Animus y el Yo. Estos arquetipos aparecen en los sueños bajo la forma de figuras que el soñador puede o no conocer.

La Persona

La Persona es la máscara que el individuo lleva en su vida diaria, la cara que presenta al mundo exterior. Es, en otras palabras, su personalidad consciente. La Persona se identifica con el Yo, y aparece en los sueños en forma de una figura que encarna aquellas cualidades que tipifican al Yo. Si el individuo es severo en su perspectiva general de la vida, la Persona puede aparecer en sus sueños como un anciano austero. Por otra parte, si el individuo tiene una actitud despreocupada, la Persona puede ser representada por un payaso o un niño.

Debido a que la Persona representa la actitud consciente del individuo, está situada en la psiquis como opuesta al Inconsciente. Esto significa que el contenido de la Persona está en continua y tensa relación con el Inconsciente. Cualquier extremo que el individuo forme en su persona será contrarrestado por extremos opuestos en el Inconsciente. Por ejemplo, si una persona presenta al exterior una faceta demasiado moral y conservadora, sufrirá bastante a causa de deseos inconscientes completamente opuestos. Así, es vital para la salud mental esforzarse por construir una Persona en lo posible equilibrada que esté en armonía con el individuo y que sea fácil de mantener.

La Sombra

El Yo tiende a desarrollar la vertiente fuerte de su personalidad y a integrarla en sus actitudes conscientes y, por tanto, en la Persona. Los aspectos más débiles de la psiquis, no deseados, son reunidos en el Inconsciente y allí éstos forman otro complejo autónomo o arquetipo, conocido como la Sombra. Este es el lado oscuro de la personalidad y aflora a la superficie de vez en cuando para turbar y atormentar al individuo. Aparece en la personalidad consciente sin previo aviso, como cambios de humor repentinos y deseos que llevan al individuo a hacer y decir cosas por lo general contrarias a su comportamiento usual. Esto ocurre a veces cuando la tensión entre la Persona y el Inconsciente es tan grande que la psiquis libera grandes cantidades de líbido o energía psíquica. Este líbido, sin dirección y sin canalizar, vuelve al Inconsciente haciendo que viejos impulsos y deseos reprimidos se desborden en los aspectos conscientes de la psiquis. Este desbordamiento es el arquetipo conocido como la Sombra.

La Sombra sabe

Muy a menudo, los instintos normales y los impulsos creativos son relegados al dominio de la Sombra junto con la vertiente negativa y destructiva del Yo. Por esta razón, es vital que cada individuo acepte esta faceta más oscura de su personalidad y trate de entender y canalizar esta energía psíquica por senderos constructivos para que no abrume su conciencia y amenace su bienestar y normalidad.

La interacción entre el Yo y la Sombra no es diferente de la lucha entre el Dr. Jekyll y Mr. Hyde en la novela de Robert Louis Stevenson. Podemos decir que la Sombra es el peor lado del individuo, la parte de él que rechaza o no puede aceptar y reconocer.

En los sueños, la Sombra puede aparecer como una forma vaga, a menudo amenazadora, difícil de distinguir con claridad. Es antagónica y por lo general aterradora. Otras veces se muestra bajo el disfraz de un enemigo o alguien detestable para el soñador.

Una de las mejores maneras para que la persona pueda identificar algunos de los contenidos de su Sombra es observando sus reacciones más negativas frente a las cosas o su intensa aversión a ciertas cualidades o faltas en otras personas. Esas cosas que tanto aborrece son las mismas que ocupan el corazón de su Sombra. Por consiguiente, la persona debe entender esta verdad sobre sí misma para poder ser un individuo más equilibrado.

Anima y Animus

El Anima y el Animus son la concentración de aquellas características del sexo opuesto que se hallan en todo ser humano. El Anima es la mujer escondida en cada hombre. El Animus es, asimismo, el hombre oculto en cada mujer.

En un hombre, el Anima es el centro del lado emocional, instintivo e intuitivo de su personalidad. Este arquetipo está formado por un conglomerado de todas las mujeres que un hombre ha conocido en su vida, especialmente su madre. La integración del Anima capacitará al hombre para desarrollar su naturaleza sensible, espontánea y receptiva, y le permitirá llegar a ser menos agresivo, más cálido, generoso y comprensivo. Por otro lado, la represión de sus características femeninas dará como resultado obstinación, insensibilidad, rigidez y, a veces, irresponsabilidad y tendencia a la embriaguez.

El Animus en una mujer actúa de una forma muy similar al Anima en un hombre. La capacidad de una mujer para asumir riesgos bien calculados, tomar decisiones en una fracción de segundo, ser fuerte, sensata, independiente y segura de sí misma, todas estas cualidades son características masculinas encarnadas en su Animus. Cuando una mujer ignora este aspecto de su naturaleza, se hace irritable, débil e insegura.

Cuando el individuo acepta el Anima y el Animus, comprende mejor al sexo opuesto y es capaz de desplegar todo el potencial y posibilidades de su personalidad.

En los sueños, el Anima aparece para el hombre en la figura de una mujer sin cara o desconocida. En el sueño de una mujer, el Animus aparece como un grupo de hombres o un hombre con cualidades contrastadas. Debido a que el Anima y el Animus son el resultado de una transformación de la Sombra, la aparición de cualquiera de estos dos arquetipos puede venir acompañada por la intrusión de impulsos inconscientes desagradables en la personalidad consciente.

Pero existe un lado positivo en esta situación. Aunque habrá un período en la vida del individuo marcado por las alteraciones de las pautas de conducta normales, la emergencia del Anima o el Animus indica que la integración de la personalidad está ahora en curso, lo cual Jung denominó "Proceso de individuación."

El proceso de individuación

Cuando este proceso se ha completado, un nuevo y más importante arquetipo emerge de la psique. Este arquetipo es el Sí Mismo. En este punto, el Anima y Animus, que son el símbolo del Inconsciente y de todos los arquetipos, pierden su fuerza y liberan grandes cantidades de energía psíquica o líbido en la psiquis. Este líbido viene a descansar en una "zona crepuscular", desde la que actúa como puente entre el aspecto consciente y el inconsciente de la psiquis. La armonía que se crea cuando el conflicto de los opuestos expresados por el consciente y el Inconsciente se ha resuelto es la encarnación del Sí Mismo. El Yo o Persona gira entorno al Sí Mismo, que es ahora el centro de la psiquis y la fuente de toda su energía.

El Yo Superior

El Yo Superior como arquetipo simboliza los aspectos espirituales superiores del hombre. Es el Atman, el Santo Angel Guardián, el Yo de Buda, el dios interior. Es el ideal más alto al que puede aspirar el ser humano.

Cuando el Yo Superior aparece en un sueño indica generalmente que el Proceso de Individuación se está completando y que la personalidad se está integrando con éxito. En el sueño de un hombre, el Yo Superior en su totalidad aparece como el Anciano Sabio. En el sueño de una mujer, la figura aparece como la Gran Madre. Pero, en ambos casos, el Yo Superior presenta cuatro aspectos principales que representan las cuatro cualidades de la psiquis. Estos cuatro aspectos presentan un lado positivo y otro negativo, como se muestra en la Tabla 1.

Los aspectos negativos del arquetipo ideal del Yo Superior son los restos de los contenidos integrados de la Sombra. Siempre que aparecen en un sueño indican que sus fuerzas particulares son ignoradas por el individuo y que deben ser aceptadas y reconocidas antes de que se produzca la individuación completa. El Yo Superior se convierte en un todo integrado cuando todos los diferentes aspectos son desarrollados individualmente y absorbidos en la personalidad.

Como ya se dijo, los arquetipos son parte del Inconsciente Colectivo y como tales tienen un significado universal. Cuando uno de estos arquetipos aparece en un sueño, tiene connotaciones similares para todos los seres humanos. Las partes personales de un sueño no son arquetípicas en esencia, aunque pueden representar aspectos del Inconsciente del soñador.

Tabla 1

La Gran Madre	El Anciano Sabio
Intelecto	*Intelecto*
Amazona (positivo)	Héroe (positivo)
Cazadora (negativo)	Villano (negativo)
Intuición	*Intuición*
Sacerdotisa (positivo)	Payaso (positivo)
Bruja maligna (negativo)	Hechicero negro (maligno)
Emoción	*Emoción*
Princesa (positivo)	Joven (positivo)
Seductora (negativo)	Vagabundo (negativo)
Sensación	*Sensación*
Madre (positivo)	Padre (positivo)
Madre Terrible (negativo)	Ogro (negativo)

La importancia de las teorías de Jung

La razón por la que nos hemos extendido tanto en las diferentes escuelas psicológicas, y en las teorías de Jung en particular, es que, para entender la simbología de los sueños y el porque soñamos, debemos tener un conocimiento básico de la estructura de la mente o psiquis humana.

Aunque a menudo ha sido menospreciada y criticada, la teoría de Jung sobre el Inconsciente Colectivo y los arquetipos todavía sigue siendo una de las explicaciones más viables y lúcidas de los misterios de la mente. Su concepto del líbido, del Proceso de Individuación, y sus teorías sobre los sueños son muy útiles para la interpretación de los sueños y para la integración de la personalidad.

Pero incluso Jung rechazaba la idea de una teoría estereotipada y rígida sobre la interpretación de los sueños. El insistía que no había "una teoría general de los sueños". Por lo tanto no existen significados fijos para los símbolos del Inconsciente. Estos dependen siempre del sueño y del soñador. Esta creencia es compartida por la autora de este libro. En esta guía, aunque la interpretación de los sueños seguirá líneas psicológicas, el énfasis será en cada soñador y su entorno inmediato.

Capítulo 2 ·

¿Por qué dormimos?

*Lo que llamamos Muerte es algo que
hace llorar al hombre. Y, sin embargo,
un tercio de la vida transcurre en el sueño.*
· **Lord Byron**, *Don Juan, XIV, iii* ·

Cada noche nos vamos a dormir y, con raras excepciones, permanecemos "muertos para el mundo" durante un promedio de ocho horas.

Los recién nacidos, por ejemplo, duermen un promedio de diecisiete a dieciocho horas al día. Los adolescentes duermen entre diez y once horas en un período de veinticuatro, mientras que los adultos jóvenes duermen alrededor de ocho horas por noche. Por otra parte, la gente mayor no duerme más de seis horas por noche. Esto parece indicar que nuestra necesidad de dormir disminuye con la edad. Aun así, por lo general pasamos un tercio de nuestra vida durmiendo.

Ritmos circadianos

Se están llevando a cabo numerosas investigaciones en todo el mundo sobre el fenómeno que llamamos dormir.

Se han hecho descubrimientos sorprendentes sobre nuestra secreta vida nocturna, pero la cuestión más enigmática sigue sin respuesta: ¿Por qué cada noche nuestro aturdimiento aumenta hasta que nuestro cuerpo se vuelve torpe e inoperante, nuestros ojos se cierran a nuestro pesar y nuestra mente se queda en blanco durante varias horas? Este misterioso letargo que es el sueño afecta tanto a los humanos como a todos los seres vivos.

Incluso las plantas parecen seguir un ciclo que incluye el sueño. Algunas flores cierran sus pétalos por la noche y los abren de nuevo en la mañana, como si fueran conscientes de la transición entre el día y la noche. Los científicos llaman a estos ciclos ritmos circadianos, que son fluctuaciones diarias que abarcan un período de veinticuatro horas. Parece que estos ciclos están presentes en cada célula viviente.

De este modo, la naturaleza entera está integrada en un único y gran ritmo circadiano. Ejemplos de este fenómeno son el movimiento de las mareas, la salida y la puesta del sol, las cuatro estaciones, las épocas de celo en los animales, el período de ovulación de la mujer y la gestación de los mamíferos.

Se cree que el dormir también está controlado por los ritmos circadianos; esto es, dormimos porque un "reloj" interno en nuestros cerebros da la señal a nuestro cuerpo para que interrumpa su actividad diaria y caiga en el sopor durante un determinado período de tiempo.

Este cese de actividad tiene lugar generalmente en la noche, debido a que el cuerpo es menos funcional en ese momento. La mente es menos receptiva al aprendizaje, la temperatura corporal desciende, los reflejos no son tan rápidos. En resumen, nuestros mecanismos mentales y físicos entran en receso.

El fenómeno del Jet Lag

Cuando alteramos los hábitos de sueño, ya sea por perder varias horas de sueño o por no dormir, el cuerpo reacciona con sensación de fatiga, nerviosismo e irritabilidad. Los científicos creen que esto se debe a un "salto de fase" en el ritmo circadiano.

El fenómeno del Jet Lag es un ejemplo típico de este salto. Si volamos de California a Nueva York, es probable que tengamos problemas para conciliar el sueño la primera noche, ya que el cuerpo continúa funcionando según el horario del Pacífico, que va con tres horas de retraso con respecto al horario del Este que opera en Nueva York. E incluso si podemos dormir las ocho horas normales, nos será difícil levantarnos a las ocho de la mañana siguiente porque nuestro reloj interno dirá que sólo son las cinco.

Después de algunos días en Nueva York, nuestro cuerpo se adaptará al cambio de horario. Al volver a la Costa Oeste, funcionaremos con tres horas de adelanto sobre el horario del Pacífico y, de nuevo, necesitaremos algunos días para adaptarnos al cambio. Un "salto de fase" no significa, por lo tanto que perdamos sueño, sino que el "horario del cuerpo" está desfasado con respecto al "horario del reloj".

¿Qué ocurre cuando no se duerme?

La privación de sueño, es decir, cuando una persona pierde más de una noche de sueño, afecta al organismo y deteriora sus facultades. Después de tres noches sin dormir, el individuo se queja de molestias oculares y empieza a ver doble. La persona es incapaz de contar hasta más allá de quince, sólo puede concentrarse en un tema durante unos minutos y empieza a perder el sentido del equilibrio. Se marea y oye zumbidos en los oídos. En algunos casos, si la pérdida de horas de sueño continúa, la persona empieza a mostrar marcados síntomas de paranoia.

En 1959, un famoso disc-jockey de Nueva York llamado Peter Tripp decidió permanecer despierto doscientas horas seguidas con el fin de recaudar fondos para el March of Dimes. Al comienzo del maratón estaba de buen humor y hacía una emisión diaria desde una cabina en Times Square. Pero, hacia el final de las doscientas horas, empezó a hablar inteligible e incoherente y su comportamiento se hizo paranoico.

Estas tendencias psicóticas hicieron aparición durante la noche. Para ese entonces, Tripp estaba convencido de que unos enemigos desconocidos estaban tratando de drogar su comida para forzarlo a dormir. Esta sensación persecutoria venía acompañada de alucinaciones auditivas.

Tripp completó las doscientas horas del maratón sin dormir y muy pronto se recuperó de su paranoia temporal. El único tratamiento que necesitó fue una saludable dosis de sueño.

La necesidad de dormir

Desde la experiencia de Tripp, muchos investigadores han dedicado una considerable cantidad de tiempo y esfuerzo a estudiar los efectos de la falta de descanso en el cuerpo y, sobretodo, en la mente humana. Salvo algunas raras excepciones, se ha descubierto que la privación de sueño actúa en detrimento de la perfecta armonía interna del hombre. Incluso los animales sufren efectos negativos cuando se les priva del sueño: por ejemplo, los gatitos mueren si no se les permite dormir durante algunos días.

Las personas que alegan no experimentar efectos negativos cuando no duermen probablemente no son conscientes de la existencia de períodos cortos de sueño, conocidos como microsueño. Esto significa que una persona puede dormirse durante unos segundos sin darse cuenta. Estos cortos períodos de sueño pueden repetirse varias veces durante la noche, con lo que el individuo consigue dormir lo suficiente para así poder funcionar.

Por qué necesitamos dormir

Bien. Sabemos que la pérdida prolongada de sueño es perjudicial para el cuerpo y la mente. En otras palabras, necesitamos dormir. La cuestión es por qué.

Algunos experimentos de la NASA han demostrado que la función específica del sueño no es aliviar la fatiga física. No dormimos sólo para descansar. Por otra parte, otros experimentos de la marina prueban que el aislamiento prolongado disminuye la necesidad de dormir de un individuo. Esto parece indicar que la menor interacción con otras personas y la disminución de estímulos exteriores resultan en una menor necesidad de dormir.

Los centros de control del sueño se localizan en el tronco cerebral, que es una zona del tamaño del dedo meñique situada en la base del cerebro. Los científicos creen que el tronco cerebral contiene un sistema cuya actividad asegura la vigilia en el individuo, mientras que su inactividad provoca el sueño.

Ivan Pavlov, neurofisiólogo ruso ganador del Premio Nobel, creía que el estado natural del cerebro era la vigilia. En otras palabras, el cerebro está siempre despierto y activo y su actividad sólo se interrumpe para la restauración y recuperación del cuerpo.

Cuando dormimos, el cuerpo funciona a un nivel muy bajo, lo que subraya el importante papel que juega el cerebro en mantenerlo despierto. Este papel se ve enfatizado en los desórdenes del sueño, como la apnea, donde la persona no puede respirar cuando duerme, y la narcolepsia, donde la persona cae dormida cada pocos minutos sin importar la hora ni el lugar en el que se encuentre. Las personas afectadas por estas enfermedades no llevan una vida del todo normal, al menos hasta que la ciencia pueda encontrar la causa y la cura de estos trastornos.

Si la teoría de Pavlov es correcta, como muchos científicos parecen creer, y el estado natural del cerebro es la vigilia, y si el descanso no es la función específica del sueño, ¿por qué dormimos, considerando que el cuerpo funciona a un nivel inferior en ese estado?

La naturaleza es lógica y prosaica en el proceso evolutivo. Casi no comete errores y, cuando lo hace, rara vez son de gran importancia. Por tanto, la evolución de un organismo tan complejo como el hombre con un mecanismo para perder el tiempo incorporado, como sería el sueño innecesario, resulta inconcebible.

El acto de caer dormido es el resultado de acostarse y relajar el cuerpo. Al poco tiempo el ritmo cardíaco y respiratorio disminuye, la presión sanguínea baja y la temperatura corporal cae por debajo de su nivel normal. Si el individuo continúa acostado y sin moverse, acabará por dormirse. Pero nunca sabrá cuándo se duerme porque, incluso con la ayuda de un electroencefalograma, es imposible determinar el momento exacto del sueño.

Lo que determina el comienzo del sueño es la pérdida de conciencia. Caemos dormidos en el momento exacto en el que los estímulos externos, como el ruido, son incapaces de provocar una respuesta en nosotros.

REM y NREM

Los científicos han descubierto que hay dos tipos de sueño, la etapa REM (*Rapid Eye Movement*, Movimiento Rápido de los Ojos) y NREM (se pronuncia "no REM").

El estado NREM es el primer período del sueño. A menudo se le llama "sueño tranquilo" porque se caracteriza por una respiración lenta y regular, ausencia de movimiento corporal y disminución de la actividad cerebral. El durmiente ha perdido contacto con su entorno debido al letargo del cerebro. Ya no recibe información a través de sus sentidos y por tanto no puede reaccionar a lo que le rodea. El cuerpo puede moverse durante esta etapa, pero no lo hace porque el cerebro no lo ordena.

Se dan varios períodos NREM durante la noche. El primero de ellos dura unos ochenta minutos. Este es seguido por la primera etapa REM, que por lo general dura unos diez minutos.

La etapa REM se caracteriza por pequeñas contracciones involuntarias de las manos y los músculos faciales. Si el individuo ha estado roncando, deja de hacerlo y la respiración se vuelve irregular y dificultosa. Su cuerpo se paraliza por completo y es incapaz de mover los brazos, piernas o tronco. La presión sanguínea sube y el ritmo cardíaco aumenta, como si el durmiente estuviera corriendo una carrera de obstáculos. Lo más significativo es que los ojos empiezan a moverse rápido de un lado a otro, bajo los párpados cerrados, como si el durmiente siguiera con la mirada un objeto en movimiento.

Los investigadores han descubierto que si se despierta a una persona durante al etapa REM, invariablemente dirá que estaba soñando. Así, el período REM del reposo coincide con la etapa de los suenos en el ser humano, aunque el mismo fenómeno ha podido observarse en los animales, lo cual ha llevado a los científicos a pensar que los humanos no son los únicos que sueñan.

Durante toda la noche van alternándose las etapas REM y NREM del sueño. El ciclo varía entre setenta y ciento diez minutos, pero el promedio es de noventa minutos.

Al principio del sueño, los períodos NREM son más largos, pero a medida que avanza la noche, los períodos REM se alargan, llegando a durar en algunas ocasiones una hora. Así, podemos decir que, por lo general, soñamos cada noventa minutos durante toda la noche y unas dos horas de cada período de ocho horas de sueño.

Necesitamos la etapa REM del sueño

Investigaciones avanzadas sobre el sueño han revelado el hecho de que el ser humano necesita del sueño REM. Los voluntarios que han permitido que se les observe mientras duermen han reaccionado muy negativamente cuando no se les deja completar ninguno de sus períodos REM. Se ponen nerviosos, irritables, de comportamiento errático y duermen mal.

Así, se ha llegado a la conclusión de que dormir es necesario, especialmente la parte del reposo relacionada con los sueños. Muchos científicos creen que LA UNICA RAZÓN POR LA QUE DORMIMOS ES PARA PODER SOÑAR.

Los bebés, que duermen entre dieciséis y dieciocho horas diarias, gastan más del cincuenta por ciento de ese tiempo en la etapa REM. ¿Significa eso que los bebés pasan todo ese tiempo soñando? Y si lo hacen, ¿con qué sueñan? ¿Quizá su mente inconsciente está liberando la suficiente información almacenada del Inconsciente Colectivo para prepararlos para su nueva vida?

Y, ¿qué hay de nosotros? ¿Por qué soñamos?

¿Es posible que soñemos para que nuestra mente inconsciente pueda desenmarañar y absorber los problemas de cada día para incorporarlos al fichero del Inconsciente Colectivo?

Puede que un sueño sea la forma que tiene la mente inconsciente de hacer frente a las cosas, ayudando al individuo a interactuar satisfactoriamente con su entorno. En otras palabras, quizá algunos sueños refieran los problemas y necesidades individuales del soñador a los recursos del Inconsciente Colectivo, que es el cúmulo de la experiencia de la humanidad que todos compartimos en este nivel.

Por esta razón, la privación del sueño sobre todo en la etapa REM, es perjudicial para la salud y el bienestar del individuo. Una de las primeras indicaciones de la enfermedad mental es una marcada alteración en los hábitos de sueño del individuo.

Pero, ¿qué es un sueño? ¿Qué lo origina y cómo se produce? Y lo más importante, ¿qué significa para nosotros en nuestra vida despierta?

Capítulo 3 ·

¿Qué es un sueño?

Todo lo que vemos o creemos ver no es más
que un sueño dentro de un sueño.

· **Edgar Allan Poe**, *Un sueño dentro de un sueño* ·

En el tiempo de Freud se creía que los sueños eran "los guardianes del reposo". Uno soñaba para no despertarse. Cuando se daba una perturbación cerca del durmiente, el cerebro fabricaba un sueño que evitaba que el individuo se despertara.

Freud creía que los sueños entretejían los ruidos y los estímulos externos para crear una historia que salvaguardara el reposo de la persona.

Durante muchos años, esta teoría persistió, incluso después del descubrimiento del sueño REM. Un grifo que gotea, el sonido de una sirena o del despertador, la necesidad de orinar o un estómago lleno se consideraban factores principales en la formación de los sueños e incluso en el comienzo del sueño REM.

Pero, con el tiempo, esta teoría fue refutada puesto que en experimentos de laboratorio se demostró que el período REM y, por tanto el soñar, viene determinado por un proceso bioquímico de naturaleza circadiana (cíclico) y no se origina por influencias externas.

Un sueño puede incorporar un estímulo perturbador a su trama, pero no puede ser iniciado por este estímulo. En otras palabras, los sueños no son ocurrencias instantáneas sino bien planeadas.

La materia de la que están hechos los sueños

La experiencia del sueño puede variar mucho entre un soñador y otro. Para algunos, las acciones en un sueño siguen una secuencia lógica, mientras que para otros los sueños son irracionales e ilógicos. Hay personas que tienen sueños abstractos y simbólicos, mientras que otras tienen sueños realistas tan normales como la vida despierta.

Algunos sueños pueden parecer muy reales; otros son tan fantásticos que nos damos cuenta de que estamos soñando.

Los sueños pueden ser alternar entre aburridos o excitantes, creativos o destructivos, aterradores o agradables. A veces realizan nuestros deseos, otras nos frustran.

Un sueño puede deprimirnos hasta el punto de hacemos llorar o puede llenarnos de esperanza e inspiración. A veces parecen controlarnos y otras veces los controlamos.

Algunas personas pueden soñar a voluntad y otras pueden volver a soñar lo que empezaron la noche anterior.

Pero sin importar de que "materia están hechos los sueños", lo importante es que parecen ser reales para el cerebro.

Jung creía que la mente inconsciente era la "matriz" de los sueños y que, por tanto, los sueños eran los exponentes de la psiquis humana. Creía también que los sueños proporcionan la mayor parte del material necesario para el estudio de la psiquis y que la interpretación de los sueños a gran escala llevaría, con el tiempo, a desvelar la programación completa de la mente de un individuo.

Contrario a Freud, Jung creía que las sensaciones orgánicas exteriores no originaban sueños. Este punto de vista se confirmaría años más tarde en los estudios de laboratorio, como hemos visto. En vez de eso, Jung pensaba que los sueños eran los vestigios de una "actividad psíquica peculiar" que tenía lugar durante el sueño.

La teoría onírica de Freud

De cualquier modo, las teorías de Freud sobre los sueños han sido fundamentales para el trabajo de otros investigadores, incluido el propio Jung. Algunas de las ideas de Freud han sido refutadas, pero otras continúan siendo el núcleo de las teorías modernas.

Una parte de las teorías de Freud se centraba en la satisfacción de deseos. Según Freud, los sueños son en esencia el resultado de deseos reprimidos que salen a la superficie de nuestro consciente cuando dormimos. Inaceptables para la personalidad consciente, los deseos se satisfacen y realizan en los sueños, pero sólo de una forma simbólica. Reprimidos y bien disfrazados, por lo general somos incapaces de identificarlos cuando estamos despiertos.

El agente mental responsable de la deformación de las imágenes oníricas fue llamado por Freud primero Censura y después Superyo. La idea tras la deformación del sueño es evitar que el durmiente despierte, mediante la expresión del deseo reprimido de una forma velada.

Freud creía que la mente trabaja de dos formas completamente opuestas. La primera, que llamó Proceso Primario, está caracterizada por la simbolización, la ignorancia de los conceptos de tiempo y espacio y alucinaciones satisfactorias de deseos.

El segundo tipo, conocido como Proceso Secundario, está gobernado por la razón, la lógica, la observancia de tiempo y espacio y un comportamiento adaptativo aprendido.

El Proceso Primario se ejemplifica por el estado de sueño y el Proceso Secundario por el pensamiento consciente.

Freud pensaba que el estado de sueño o Proceso Primario precede al estado consciente o Proceso Secundario y que éste último, al igual que todo el desarrollo del Yo y la adquisición del aparato pensante, depende en gran medida de la represión de los sueños y las alucinaciones que forman parte del Proceso Primario. En otras palabras, soñamos antes de pensar. Esta teoría fue una gran contribución de Freud para la comprensión de los sueños. También según Freud, un sueño tiene dos círculos diferentes de "contenidos". Uno de estos círculos, el contenido latente, es el auténtico mensaje del sueño, lo que el Inconsciente está tratando de decir a la personalidad consciente.

El segundo círculo se conoce como contenido manifiesto y es lo que el soñador recuerda. En otras palabras, el contenido latente del sueño se traduce en la imaginería simbólica que se conoce como el contenido manifiesto. De nuevo, el propósito de esta mascarada es evitar que el soñador se despierte.

El método de análisis onírico Freudiano

Según Freud, la mejor manera de descifrar el embrollado simbolismo de los sueños es descubriendo la primera idea que se le ocurre al soñador cuando piensa en su sueño y después siguiendo esa idea hasta ver dónde lleva o dónde se encuentra con un bloqueo mental.

La idea detrás de esta teoría es que todas las asociaciones con los diferentes detalles del sueño descubrirán finalmente un tema recurrente, que será el mensaje del Inconsciente o el contenido latente del sueño. Este sistema de interpretación onírica fue llamado por Freud Libre Asociación.

Jung utilizó la Libre Asociación en su interpretación de los sueños, pero no compartía la teoría de que todos los sueños tienen como fin la satisfacción de deseos. Creía que había algo de satisfacción de deseos en algunos sueños pero no en todos.

Las teorías oníricas de Jung

Para Jung, nuestras vidas pasan en medio de una lucha para realizar nuestros deseos. Si no podemos satisfacer estos deseos en la realidad, entonces los satisfacemos en una fantasía, en un sueño. La Libre Asociación interviene cuando tratamos de descubrir la experiencia o experiencias que originaron este sueño o fantasía. Jung llamó a este uso de la Libre Asociación "amplificación".

Algunas piensan que es inútil tener sueños si no podemos entenderlos. Pero, curiosamente, esto no es cierto. Podemos obtener beneficios de un sueño, lo entendamos o no. Esto se debe a que el Inconsciente utiliza un lenguaje distinto al de la Mente Consciente y ofrece, además, un punto de vista diferente. Esto tiene el valor de un ajuste psicológico, una "compensación", que es necesaria para un equilibrio apropiado entre las acciones conscientes e inconscientes.

Cuando estamos despiertos, reflexionamos sobre cada problema con la máxima atención. Pero, a menudo, nos vamos a dormir sin resolver los problemas. La Mente Inconsciente continúa la exploración del problema en un nivel más profundo. Es capaz de captar aspectos que ignoramos o no somos conscientes. Mediante la simbología de los sueños, el Inconsciente nos ayuda a hacer frente a nuestros problemas, incluso en aquellos casos en que no podemos resolverlos de inmediato.

Nos despertamos del sueño con una sensación de equilibrio y claridad. Esa es la razón por la que a algunas personas les gusta "consultar con la almohada" sus problemas y todos nos levantamos "como nuevos" después de una buena noche de descanso. En otras palabras, aliviamos nuestros problemas soñando.

Escuchando nuestros sueños

Aunque es cierto que no tenemos que entender nuestros sueños para beneficiarnos de ellos, también es cierto que podemos acrecentar considerablemente sus efectos si tratamos de entenderlos. A menudo, esto es necesario porque "la voz de nuestro interior" es ignorada fácilmente y se la escucha raras veces.

Para que entendamos la voz del Inconsciente tenemos que familiarizarnos con el lenguaje que habla. Este lenguaje es, como hemos visto, simbólico. El simbolismo de los sueños puede interpretarse desde un punto de vista causal o final.

El simbolismo de los sueños

El punto de vista causal, que era el utilizado por Freud, parte de un deseo o anhelo, esto es, de un sueño-deseo reprimido. Este deseo es siempre algo comparativamente simple que puede esconderse de muchas maneras.

Por ejemplo, un impulso sexual reprimido puede expresarse en un sueño como meter una llave en una cerradura para abrir una puerta, volar o bailar.

Para el freudiano típico, todos los objetos oblongos en un sueño son símbolos fálicos, mientras que los objetos redondos o huecos son símbolos femeninos.

En otras palabras, el punto de vista causal da un sentido fijo a cada símbolo en un sueño sin importar quién sea el que sueña.

Simbolismo individual específico

El punto de vista final da a cada imagen un significado específico los cuáles varían, no sólo entre cada soñador sino entre cada sueño. En este sistema, soñar con una puerta abierta significa algo diferente a soñar con volar.

¿Cuál de los dos puntos de vista utilizamos en la interpretación de un sueño? Según Jung, debemos utilizar ambos.

El punto de vista casual proporciona el significado fijo que el inconsciente colectivo ha dado a un símbolo específico. Esto significa que cada símbolo tiene un significado fijo para todos los seres humanos.

El punto de vista final da un segundo significado al mismo símbolo, a saber, aquel que el soñador asocia a esa imagen particular. Este es el aspecto personalizado del sueño y aquel que lo hace individual.

Jung sostenía la interesante idea de que el lenguaje abstracto y figurativo de los sueños, que es una reminiscencia del uso bíblico de las parábolas y del simbolismo de las lenguas primitivas, podía muy bien ser el vestigio de una forma arcaica de pensamiento usado por el hombre en la prehistoria.

Los sueños se oponen a menudo a nuestros planes conscientes. Esto no siempre es fácil de ver. Algunas veces es una desviación sutil de la actitud consciente, pero en ocasiones coincide con los planes conscientes. Este comportamiento del sueño fue llamado **compensación** por Jung y significa mezclar y equilibrar diferentes datos y puntos de vista para ajustar, rectificar y equilibrar los aspectos conscientes e inconscientes de la personalidad.

Interpretación de los sueños

Aunque se puede conocer la actitud consciente de una persona, no ocurre así con la actitud inconsciente. Se puede saber de ella mediante la interpretación de los sueños.

Cuando el Consciente y el Inconsciente están en desequilibrio, el individuo corre peligro, ya que el inconsciente es capaz de destruir la personalidad si se le deja a su antojo. La correcta interpretación y comprensión de los sueños puede ayudar a revelar cualquier grieta peligrosa entre el Consciente y el Inconsciente a tiempo para restaurar la armonía correcta entre los dos.

Jung identificó muchos tipos de sueños. El sueño compensatorio, que acabo de describir, incorpora a la Mente Consciente todos aquellos elementos del día anterior que fueron ignorados a causa de la represión o porque eran demasiado débiles para alcanzar la conciencia. En cierto modo, estas acciones del sueño actúan como una autorregulación de la psiquis.

Sueños de predicción

El sueño de predicción es una anticipación de logros o acontecimientos conscientes futuros, una especie de proyecto por adelantado de la vida del individuo. Su contenido simbólico puede perfilar la solución próxima de un conflicto o preparar al soñador para un angustioso futuro.

Aunque a menudo se hace referencia al sueño de predicción como sueño profético, Jung explica que en la mayoría de los casos sólo son una combinación anticipadora de probabilidades que en ocasiones puede coincidir con el curso real de los acontecimientos.

Esto no debe sorprender puesto que un sueño es el resultado de la fusión de elementos reprimidos y es, por tanto, una combinación de todos los sentimientos, pensamientos e ideas que no han sido registrados por el consciente.

En otras palabras, *los sueños conocen cosas que nosotros no conocemos y están en mejor posición para predecir el resultado de muchos acontecimientos.*

Sueños telepáticos

Aunque él pensaba que la mayoría de los sueños proféticos se referían al futuro y tenían una explicación lógica, Jung también se refirió a otros sueños que son telepáticos y nada puede cambiar esa verdad. Algunas personas parecen tener esa habilidad y a menudo tienen sueños influenciados por telepatía.

Jung no intentó proponer una teoría para este fenómeno, pero creía que en la mayor parte de los sueños telepáticos influía una fuerte emoción humana, como el amor o la angustia. Así, muchos sueños telepáticos predicen la llegada o muerte de un ser querido o un suceso que afectará profundamente al soñador.

Pesadillas

La pesadilla, que nos atormenta a veces, es un sueño compensatorio muy importante para la conciencia, ya que a menudo advierte al individuo que sus acciones conscientes amenazan su bienestar.

Por lo general tenemos pesadillas cuando comemos demasiado o regalamos en exceso nuestros sentidos. También tenemos "malos sueños" cuando estamos haciendo algo reprensible o socialmente inaceptable. Es la forma que tiene nuestro Inconsciente de decirnos que estamos poniendo en peligro nuestro equilibrio físico y mental. Si persistimos en nuestro comportamiento negativo, las pesadillas empeorarán y el Inconsciente encontrará la manera de corregir nuestro comportamiento o destruir nuestra personalidad y nuestro ser.

Otros sueños perturbadores

Los sueños **reductores** o negativos son sueños que degradan al individuo. Las personas que tienen esos sueños tienen una alta opinión de sí mismos y tratan de impresionar a los demás. La

Mente Inconsciente, que sabe muy bien que no hay más que aire caliente en esos globos, los hace estallar en una colorida explosión a menudo denigrante.

Jung solía referirse a los sueños de uno de sus pacientes, un aristócrata pedante y arrogante que sólo soñaba con sucias verduleras y prostitutas borrachas.

Los sueños de **reacción** reproducen experiencias que hemos vivido. Suelen tener su origen en experiencias traumáticas y se repiten hasta que el estímulo traumático se agota. Cuando el sueño de reacción se identifica mediante la interpretación de los sueños, casi siempre desaparece.

Los sueños **recurrentes** son frecuentes durante la juventud, aunque también pueden aparecer en años posteriores. El sueño recurrente puede ser muy perturbador ya que sin duda nos deja con la sensación de que debe de tener un significado especial. Nos sentimos perseguidos por esta clase de sueños.

Esta sensación, según Jung, es siempre acertada porque estos sueños suelen tener su origen en una alteración psíquica. La identificación del contenido latente de este sueño lleva a su desaparición.

El sueño raro

Todos los sueños pueden dividirse en dos grandes grupos: los sueños "pequeños" y los sueños "grandes". Los sueños pequeños son muy comunes y la mayoría son compensatorios. Son muy fáciles de identificar y a su vez fáciles de olvidar.

Por otra parte, los sueños grandes nunca se olvidan. A menudo contienen imágenes simbólicas de naturaleza arquetípica o mitológica. Figuras divinas, princesas, castillos, dragones, serpientes, rayos de luz, el Anciano Sabio, Cristo, son típicas de estos sueños. Estas figuras proceden del Inconsciente

Colectivo y normalmente tienen un mensaje importante para el soñador.

Estos sueños aparecen en fases críticas de la vida y todos hemos tenido al menos uno. Es el tipo de sueño que nos hace decir "No olvidaré este sueño mientras viva". Y en general no lo olvidamos.

Símbolos comunes

Hay símbolos que se presentan en los sueños de todas las personas. Entre estos son típicos los sueños en los que se vuela, se suben escaleras o montañas, se cae, los sueños de trenes, hoteles, bodas y los de la propia desnudez.

Estos símbolos se conocen como motivos oníricos y apoyan, de alguna manera, la teoría de que estos símbolos tienen un significado fijo. Estos motivos adquieren una gran importancia en una serie de sueños recurrentes.

La interpretación de los sueños

Pero, ¿qué hay del método para interpretar esa gran variedad de sueños? Jung no propuso un sistema para su interpretación, pero sí dió varias sugerencias interesantes.

1. Una de ellas es asegurarse de que cada posible significado que un sueño detallado tiene para el soñador se determina por las asociaciones del propio soñador. Esto significa que cuando uno quiera descifrar sus sueños, debe intentar encontrar un significado a cada detalle del sueño y escribir la primera idea que le venga a la cabeza en relación con ese motivo particular. Este debe seguirse a lo largo de una lista, tan larga como sea posible, de asociaciones para cada símbolo. Esto revelará al individuo el significado personal que

cada símbolo tiene para él. Jung definió este procedimiento como "tomar en cuenta el contexto".

2. El significado causal o fijo de cada símbolo también debe tenerse en cuenta y un diccionario de sueños puede ser útil para este propósito, ya que da el significado tradicional aceptado de los sueños.

3. La última, y quizás la más interesante de las sugerencias de Jung es que uno debe volver al pasado y reconstruir experiencias anteriores con ciertos símbolos del sueño. Esto nos dirá qué tipo de suceso podemos esperar después de soñar con cierto motivo.

Si combinamos estos tres métodos, podremos interpretar nuestros sueños con relativa facilidad. En el proceso aprenderemos mucho sobre nuestras actitudes inconscientes y crearemos una mayor armonía entre los aspectos conscientes e inconscientes de nuestra personalidad.

Capítulo 4 •

La simbología de los sueños

Porque esto es indudable, ya que la mente trabaja
en la oscura profundidad del sueño.

• **Owen Felltham**, *De los sueños, c. 1620* •

Ya hemos dicho que hay dos círculos de contenido en todo sueño, el **latente** y el **manifiesto**. El contenido **latente** es el verdadero mensaje que el Inconsciente trata de transmitir a la personalidad consciente. Cuando el mensaje emerge desde las profundidades de la Mente Inconsciente, se traduce a una imágen simbólica que es presentada al Consciente en forma de sueño. Esta imagen es el contenido **manifiesto** del sueño.

¿Por qué soñamos en símbolos?

¿Por qué el inconsciente utiliza símbolos para transmitir mensajes a la personalidad consciente? Freud creía que la razón de disfrazar el verdadero mensaje era evitar que el durmiente se despertara. Esta explicación no satisface a muchos psicólogos ni expertos en los sueños, que creen que soñamos en símbolos porque son el lenguaje del Inconsciente.

En otras palabras, pensamos e incluso sentimos en símbolos. La razón de este fenómeno es que constantemente somos bombardeados por imágenes visuales durante períodos de vigilia. Muchas de estas imágenes son registradas por los ojos y por la Mente Inconsciente pero no por nuestra conciencia.

De nuevo, muchas de estas imágenes, incluso las que reconocemos conscientemente, vienen desprovistas de sonidos o explicaciones de su existencia. Simplemente se las graba y almacena en la profundidad de nuestra mente y son olvidadas con facilidad por nuestra Mente Consciente. Muchas de estas imágenes reaparecen en nuestros sueños relacionadas con un problema o pensamiento específico que tuvimos al mismo tiempo que vimos algo en particular. Para nuestra Mente Inconsciente, esa imágen visual se convierte en un símbolo del problema o pensamiento que nos absorbía en aquel momento. En este contexto, es interesante hacer notar que los ciegos tienen sueños sin imágenes.

Por lo precedente, es fácil entender por qué la mayoría de los psicólogos ha llegado a la conclusión de que muchos de los símbolos que aparecen en los sueños están relacionados con imágenes visuales que el soñador ha visto en un momento u otro, por lo general durante el día anterior. Es así como la interpretación de los sueños tenderá a ser más difícil si no se conocen las circunstancias que rodean a cada soñador.

Existe todavía otro grupo de símbolos que aparecen en los sueños de toda persona, sin importar las imágenes que vea durante el día. Jung llamó a estos símbolos **motivos** oníricos los cuáles apoyan la teoría de que una parte de la simbología tiene un significado fijo que forma parte del Inconsciente.

Como ya se ha dicho, algunos de los motivos oníricos más típicos son los sueños en los que se cae, se vuela, se suben escaleras o montañas, o se viaja en tren, autobús o coche. Los sueños de muerte o con muertos así como los sueños con bodas, dientes, barcos, desnudez o aquellos en los que uno nada o se ahoga son también comunes.

Todos nosotros hemos soñado con todos o casi todos estos motivos y en la mayoría de los casos el significado parece ser el mismo. Por supuesto, siempre debemos analizar cada sueño en el contexto de la vida privada del soñador. Pero los motivos oníricos como tales parecen compartir el mismo significado para todos los miembros de las sociedades civilizadas. Esto parece colocar estos símbolos particulares en los dominios del Inconsciente Colectivo, el cual, como hemos visto, es la base de trabajo común para todas las mentes humanas. Los motivos oníricos son la base de todos los diccionarios de sueños, incluyendo el que aquí se presenta.

Los colores y números en los sueños

Aunque nuestra vida despierta está llena de vivos colores, no todos nuestros sueños son en color. Es cierto que algunas personas parecen soñar siempre en color, pero son una minoría, ya que muchos investigadores competentes han comprobado que la mayoría de la gente tiene más sueños en blanco y negro que en color. En realidad, el término "blanco y negro" es equívoco, ya que los sueños sin color raramente distinguen los matices. Son más bien de tonos pardos donde los matices se integran en las gamas más apagadas del gris y el marrón.

Calvin Hall, quizás la autoridad actual más importante en esta materia, recopiló miles de sueños durante sus investigaciones e informó que sólo el veintinueve por ciento habían sido en color.

En cuanto a los colores más comunes, el Dr. Fred Snyder, pionero en los estudios oníricos, descubrió que el color más frecuente en los sueños era el verde, seguido muy de cerca por el rojo. El amarillo y el azul aparecían la mitad de las veces menos que el verde.

La doctora Patricia Garfield, otra investigadora del tema, hizo un análisis especial de sus propios sueños y descubrió que el color aparecía más a menudo después de algunas horas de reposo. Garfield concluyó que debía existir una base química común para la aparición del color en los sueños y que quizá el córtex cerebral está más activo cuando el cuerpo ha descansado por algún tiempo.

La teoría de los colores de Cayce

Edgar Cayce, el famoso "profeta del durmiente", pensaba que algunas veces el color en un sueño se utiliza para subrayar ciertas condiciones en nuestra vida con el propósito de aumentar nuestra conciencia. Para Cayce, los colores claros y brillantes indicaban aspectos o tendencias positivas, mientras que los colores oscuros y apagados tenían connotaciones negativas. Una combinación de verde y azul en un contexto pacífico puede ser una indicación de curación de la mente o el cuerpo, mientras que los grises profundos o los marrones oscuros pueden mostrar una perspectiva pesimista de una situación relacionada con el sueño.

Según Cayce, los gustos personales en cuanto al color afectan el significado en los sueños. Por ejemplo, si su color preferido es el verde y tiene un sueño en el que predomina el verde, esto significará que su Inconsciente le está dando un mensaje optimista sobre la situación en el sueño. Por otra parte, si no le gusta el color verde, verlo en un sueño indicaría que tiene profundos sentimientos negativos sobre el tema de su sueño.

Significado de los colores

Los colores en los sueños tienen los siguientes significados:

Negro—El color de la muerte. Indica depresión y melancolía en el soñador.

Azul—Energía espiritual y altos ideales; fidelidad; inteligencia fría. Aspiraciones celestiales y elevadas del alma. El azul profundo significa intuición y comprensión.

Marrón—El color de la tierra. Significa sensación y, a veces, desintegración.

Dorado—El color del sol. Significa la Mente Consciente y la verdad. Indica también el principio masculino.

Verde—Vitalidad, curación, crecimiento, esperanza. El principio de vida en sí mismo. Un verde oscuro indica celos, debilidad o inexperiencia.

Naranja—Salud, energía, poderes y mensajes ocultos. El poder de la mente.

Rosa—Las emociones. Amor, alegría, ilusión.

Púrpura o Violeta—Poder vital. El color de la luna y la intuición. Quizás noticias o viajes.

Rojo—Fuerza vital, pasión sexual, sangre, fuego, también cólera.

Blanco o Plata—Pureza, paz, luz, iluminación, sabiduría. Símbolo de la luna y del principio femenino.

Amarillo—Luz solar, mente, intuición, energía pura, felicidad que está por llegar, buenas perspectivas financieras. Un amarillo oscuro indica cobardía y a veces muerte.

Naturalmente, el tipo de objeto que vemos rodeado de un color específico es tan importante como su tonalidad y debemos tener en cuenta ambos significados antes de llegar a una interpretación razonable y precisa del sueño.

Simbología numérica

Los números también son importantes en la interpretación de los sueños y han sido objeto de una investigación exhaustiva por parte de los psicólogos.

Para Jung, por ejemplo, los números son anteriores al hombre y de hecho han sido descubiertos, más bien que inventados, por el genero humano. Jung fue aún más lejos y dijo que "no sería una conclusión demasiado audaz definir psicológicamente al número como el arquetipo del orden que se ha hecho consciente". Esto significa que el Inconsciente utiliza números como "factores de orientación", esto es, como una forma de crear orden en el universo. Cada número tiene un significado específico para la Mente Inconsciente, que es igual para todos los humanos.

Algunas lenguas antiguas se estructuraron según esa creencia. El hebreo, por ejemplo, todavía en uso, utiliza los mismos caracteres para las letras y los números. Cada letra hebrea y, por tanto, cada número, representa un estado cósmico y tiene un significado específico.

En tiempos modernos, a cada número del cero al nueve se le ha adscrito un significado especial. Cuando el número es mayor de nueve, se suman sus dígitos hasta reducir el número a un sólo dígito. Se hace esto porque sólo hay diez cifras puras, cada una de ellas indicando un estado de mente. Estas cifras van de cero a nueve. Cuando un número compuesto parece muy significativo, en vez de reducir el número a un sólo dígito, es más acertado examinar cada una de las cifras que componen el número y buscar su significado individual. Así se podrá aplicar estos significados al problema que planteaba el sueño y encontrar una guía interior para una posible solución.

Con todo, existe otro caso en el que un número compuesto no debe reducirse a un sólo dígito ni tampoco analizado en términos de cifras individuales. Si uno de esos números aparece como significativo en un "gran sueño", entonces tendrá por sí mismo un significado simbólico que puede ser revelado en un flash intuitivo, durante la meditación o a través de la comprensión de la gematría*.

La gematría, una parte de la antigua cábala hebrea, reconoce un significado arquetípico de ciertos números, que puede explorarse a través de "correspondencias" establecidas o asociaciones de palabras que tienen valores numéricos similares.

El significado de los números

A continuación se expone una lista con los significados más aceptados adscritos a los números.

Uno—El yo, el individuo. Un grito inconsciente por la independencia y la originalidad. Necesidad de autoexpresión. Una invitación a que especule, actúe, cree y avance por usted mismo. Símbolo del Sol.

Dos—Indica indecisión, preocupación por la posibilidad de un cambio venidero. Enfatiza la necesidad de calma y diplomacia. Advierte contra cambios abruptos y acciones impulsivas. Símbolo de la Luna y, por tanto, de la intuición.

Tres—Este es un símbolo de expansión y humor. Promesa de buena suerte. También advierte contra la confusión y el querer abarcar demasiado. Se establecerán nuevos y agradables contactos. Es el símbolo de la Trinidad, y a menudo indica uniones familiares. Es el número de Júpiter.

Cuatro—Es el símbolo del cuadrado y por tanto una indicación de que se avecinan pruebas que sólo podrán superarse con trabajo duro y autocontrol. El cuatro también es el número del destino y de la solidaridad. Cualquier cosa relacionada con el cuatro permanecerá durante mucho tiempo en la vida de la persona y quizá traerá una estela de grandes cambios. Este número está asociado con Urano y con los cuatro elementos.

Cinco—Claras indicaciones de actividad sexual y amoríos. También de cambios, viajes y variedad. Símbolo de comunicación y libertad. Anima al individuo a buscar nuevas formas de contacto con otros, a moverse. Es el número de Mercurio, el planeta asociado con la comunicación y los mensajes. También representa los cinco dedos de la mano y es un símbolo de la vida.

Seis—Indica cambios en el hogar o en el entorno inmediato. Muestra la necesidad de investigar las circunstancias familiares y financieras antes de hacer cualquier movimiento o tomar una decisión. Es también una invitación a la generosidad, al perdón y a la compasión con los seres amados que se han equivocado. El número de Venus, un planeta asociado con el amor, la generosidad y la diplomacia.

Siete—Advierte contra el auto-engaño: puede que usted esté viendo a una persona o situación de una manera ilusoria. Indica una tendencia a la soledad, el orgullo y la independencia. Advierte contra la firma de cualquier papel importante. Necesidad de ser cauto y analizar a las personas y situaciones. Número del planeta Neptuno y, por tanto, de la ilusión.

Ocho—Indica presiones y responsabilidades adicionales que al final reportarán ganancias materiales si se trabaja duro. Es un número poderoso que está relacionado con el sexo y la muerte o transformación. Las inversiones mercantiles son favorables si la persona está dispuesta a aceptar un incremento de la actividad. Este número promete dinero en grandes cantidades, pero de nuevo, si el individuo está dispuesto a trabajar bastante. Número de Saturno y símbolo de mucha actividad, ambición y poder.

Nueve—Conocido como un número perfecto, el nueve es un símbolo de lo completo, de perfección y logros espirituales. Este número indica una necesidad de moverse por uno mismo, de evitar parásitos, de romper con los viejos hábitos para lograr el éxito. Tiempo de viajes y cambios de entorno. Tiempo de mirar hacia el futuro con esperanza, ya que promete grandes cosas. Número de Marte y de la agresión.

Cero—Indica un período de gestación, un tiempo de introspección y espera. Se aproxima un nuevo ciclo. Regeneración y a veces muerte. El cero añadido a otro dígito, como el diez, cien, etc., indica un estado cósmico superior o un estado superior de conciencia relacionado con el dígito original; por ejemplo, si el número uno significa el yo, el diez representará la mente y el cien el alma. Los números más altos representarán estados cósmicos que están más allá de la comprensión humana.

Números de juego

Hay otro grupo de significados atribuidos a los sueños y los números que hemos heredado de diferentes tradiciones. Estos son los números que se utilizan popularmente en las apuestas y el juego. En estos casos, cada motivo onírico tiene adscrito un número especial, que puede estar formado por uno o varios dígitos. Nadie conoce con certeza los orígenes de esta costumbre, pero muchos jugadores profesionales examinan cuidadosamente sus sueños en busca de pistas de números ganadores. En el diccionario de sueños incluido en esta guía, cada motivo onírico viene acompañado de su número adscrito.

Tiempo y espacio

A menudo, la simbología de los sueños no nos indica si estamos observando un suceso pasado, presente o futuro. Esto ocurre porque el Inconsciente humano se mueve en un tiempo *espacio continuo*, en el que el pasado, el presente y el futuro existen simultáneamente en varios puntos del espacio. Esto significa que la Mente Inconsciente no diferencia ni hace ningún esfuerzo para distinguir los períodos de tiempo.

Sin embargo, debido a que el tiempo se mueve en el espacio, podemos averiguar el tiempo en los sueños observando la posición de los objetos en el. Por ejemplo, los objetos que se acercan indican normalmente futuro y los objetos que retroceden el pasado. Un objeto inmóvil normalmente representa el presente. Algunos psicólogos creen que los objetos en el lado derecho de la "imagen" del sueño suelen referirse al futuro y los del lado izquierdo al pasado. La posible solución a un problema se indica a veces con una puerta, un ascensor o una bifurcación en un camino.

¿Predicen el futuro los sueños?

Pero, ¿puede un sueño anticipar realmente el futuro? La respuesta es afirmativa, a juzgar por los innumerables casos investigados.

Este fenómeno, que Jung llamó sueño de predicción, puede explicarse por la habilidad de la Mente Inconsciente para sacar a la superficie del Consciente sucesos del futuro. En otras palabras, la Mente Inconsciente parece saber lo que va a ocurrir y este conocimiento se extiende infinitamente en el tiempo. El conocimiento de sucesos futuros nos puede ser comunicado a través de sueños, telepatía, clarividencia o clariaudiencia.

Jung explicaba este extraordinario poder de la Mente Inconsciente como el principio de *sincronicidad*. Según Jung, muchas circunstancias en la vida de una persona que son desvaloradas como simples "coincidencias" son en realidad muy significativas por ser mensajes de la Mente Inconsciente.

Estas coincidencias se manifiestan por medio de una llamada telefónica o el recibir una carta de la persona en la que justamente estábamos pensando, la "corazonada" que resulta ser cierta, el sueño que nos anticipa lo que luego ocurre unos días después. No son coincidencias, dice Jung, sino ejemplos de la sincronicidad o del trabajo armonioso de todas las mentes humanas en el conglomerado que es el Inconsciente Colectivo.

El sexo en los sueños

El sexo es a veces explícito o implícito en nuestros sueños. Esto significa que algunos sueños muestran su contenido sexual y otros utilizan símbolos para indicar dicha actividad.

Entre los símbolos sexuales notables están las actividades físicas arduas como bailar, volar o montar a caballo. Siempre se debe tomar nota del individuo con el que se baila en un sueño, ya que esa persona es con toda seguridad un compañero sexual muy deseable para usted, ya sea consciente o inconscientemente.

También es importante fijarse en la actitud de la persona hacia usted en el sueño, porque eso también es un mensaje de su Inconsciente. Si la persona se muestra indiferente o a disgusto bailando con usted, es muy posible que esté perdiendo su tiempo al dedicar pensamientos amorosos a esa persona. Por otra parte, si su pareja de baile parece ansiosa y complacida de estar en su compañía, puede estar seguro de que esa persona se mostrará muy receptiva a cualquier avance sexual de su parte.

La sexualidad explícita en los sueños indica represión sexual en la vida diurna del soñador. Estos sueños son, a menudo, una "satisfacción de deseos" y deben tomarse como tales. A veces, la persona se preocupa mucho por sueños de actividad sexual anormal, como encuentros homosexuales, bestialidad o exhibicionismo.

Muchos psicólogos aconsejan no tomar en serio ese tipo de sueños, ya que a menudo expresan aspectos del Yo en el soñador. Hacer el amor con alguien del mismo sexo puede muy bien ser una expresión de amor a sí mismo, un mensaje del Inconsciente para que cuidemos mejor a nuestro Yo. Un sueño con un animal puede ser un reflejo de nuestros instintos más bajos y el exhibicionismo puede indicar la necesidad de ser más abiertos hacia los demás.

El sueño sexual debe ser interpretado de la misma forma que cualquier otro tipo de sueño: si ese mensaje del Inconsciente es debidamente notado y atendido,el sueño desaparecerá. No es sabio preocuparse por este o por cualquier otro tipo de sueño, ya que cualquier atención excesiva sobre un tema dado suele afectar el delicado equilibrio de la mente humana.

El propósito de los sueños

Lo que el sueño y su simbología hacen es ayudarnos a "digerir" los problemas y sucesos de la vida diaria. Mediante los sueños, el Inconsciente nos ayuda a adaptarnos a los cambios diarios y a los retos a que nos enfrentamos constantemente. Cuando un sueño nos angustia, el Inconsciente nos está diciendo que hay una situación cercana a nosotros, la que se refleja en el sueño, que está fuera de control y que debemos tratar de superar. Por otro lado, también podemos encontrar la solución a ese problema concreto en la simbología de ese mismo sueño.

Nuestros problemas personales, miedos, gustos, aversiones, esperanzas y necesidades, se reflejan de una forma simbólica en nuestros sueños. Por eso tenemos que tener en cuenta todas las circunstancias que nos rodean al interpretar un sueño.

El propósito de la interpretación de los sueños es tratar de entender el lenguaje del Inconsciente y escuchar sus sugerencias y explicaciones. Esto es de vital importancia porque, cuando entendemos el lenguaje del Inconsciente, también entendemos qué es lo que nos "marca" y estamos en mejor posición para controlar y dirigir nuestras vidas.

Capítulo 5 •

La pesadilla

Sus labios eran rojos, su mirada libre,
Sus mechones eran amarillos como el oro,
Su piel era blanca como la lepra,
La pesadilla de la Muerte en Vida era ella,
Que hiela la sangre del hombre.

• **Coleridge**, *El anciano marinero, III* •

Todos estamos familiarizados con la pesadilla. Todos hemos experimentado el latido violento del corazón, el sudor frío, la respiración fatigosa y la sensación de horror y desastre inminente que vienen asociados a este terror nocturno. Pero, ¿qué origina la pesadilla? ¿Qué hace que el Inconsciente humano libere una corriente venenosa de imágenes aterradoras en ciertos momentos concretos de nuestro reposo?

El comer demasiado y las pesadillas

Algunos científicos aconsejan no irse a dormir inmediatamente después de una comida abundante porque creen que un estómago lleno es el culpable de una buena parte de las pesadillas.

Todos conocemos al Lorenzo de los famosos dibujos Lorenzo y Pepita y su debilidad por los bocadillos descomunales. El consumo de estas mezclas estratosféricas era seguido por una pesadilla también descomunal, bien sazonada con varios monstruos espantosos. Como dice el refrán, hay algo de verdad en la broma, y este es también el caso de Lorenzo.

La razón por la cual el comer en exceso puede provocar pesadillas tiene dos vertientes. En primer lugar, suele haber un sentimiento de culpabilidad relacionado con el comer en exceso. Esta culpabilidad se refleja en las acciones punitivas de los personajes terroríficos de la pesadilla. Ellos persiguen, aterrorizan, atacan e intimidan al soñador llevándolo a un estado de colapso nervioso. Estos terrores auto-inflingidos casi parecen diseñados para evitar que el soñador vuelva a comer en demasía antes de ir a dormir.

En segundo lugar, hay que considerar que los monstruos y las figuras terroríficas de una pesadilla son imágenes liberadas por un cerebro demasiado activo que trabaja el doble para dirigir la digestión y para velar por el cuerpo mientras el individuo descansa. Muchas sustancias químicas están trabajando en el cuerpo en ese momento y el incremento de actividad del cerebro y el corazón, que por naturaleza tendrían que trabajar menos durante el sueño, tiende a sacar a flote las imágenes más negativas que están almacenadas en el Inconsciente. Es casi como si el Inconsciente estuviera desquitándose del Consciente por hacerle trabajar cuando debiera estar relajado.

El abuso de las drogas y su efecto en las pesadillas

Pero comer en exceso no es lo único que causa la pesadilla. El abuso de las drogas, así como la abstinencia repentina de éstas, también pueden resultar en las pesadillas más desquiciantes.

El Dr. William G. Dement, autoridad mundial en los fenómenos del descanso y los sueños, ha determinado que las píldoras para dormir pueden causar lo que él llama "sueño profundamente alterado". Dement dice que muchas personas que toman somníferos para aliviar su insomnio necesitan una dosis cada vez mayor para conseguir efectos. Con el tiempo, su dependencia de las píldoras es tan grande que ya no pueden dormir sin ellas. Cuando intentan dormir sin medicamento no lo consiguen, o duermen atormentados por pesadillas terroríficas.

El Dr. Anthony Kale, que realiza estudios sobre el sueño en la Escuela de Medicina de la Universidad del Estado de Pennsylvania, ha confirmado los hallazgos del Dr. Dement sobre las alteraciones del sueño relacionadas con el abuso y la abstinencia brusca de drogas.

Las pesadillas recurrentes y continuas alteran de tal forma las pautas de pensamiento normales de la mente que los psiquiatras las consideran los primeros síntomas de una crisis nerviosa inminente. Esto no significa que cada mal sueño deba verse como precursor de un colapso mental, pero las pesadillas recurrentes o persistentes, acompañadas de otros trastornos del sueño, deben consultarse con el médico o con un psicólogo o psiquiatra competente.

Otras causas

Pero ¿qué causa la pesadilla recurrente o cualquier pesadilla que no se derive de comer demasiado o de las drogas?

Dement piensa que la intensidad de la actividad del tronco cerebral y la activación de circuitos emocionales "primitivos"

53 ◆

puede ser lo que determina el sentimiento de terror de los sueños. Estos circuitos están enterrados de forma natural en las profundidades del Inconsciente y, por tanto son difíciles de controlar y son responsables en gran medida por la liberación de las imágenes más horribles del Inconsciente.

El miedo es uno de los instintos más primitivos del hombre y solemos evitar aquello que más nos aterroriza enterrándolo en lo profundo del Inconsciente. Cualquier emoción fuerte, como el miedo mismo, la preocupación, la ansiedad o la inseguridad sobre cualquier situación dada, puede desencadenar los mecanismos ocultos que activan lo que Dement llama "circuitos emocionales primitivos" y originar el flujo de imágenes negativas o pesadillas.

Los símbolos de muerte en los sueños

Por otra parte, Jung observó que la muerte real a menudo se manifiesta por símbolos que anuncian cambios, renacimiento o viajes. Los viajes largos en tren, barco o avión son en particular sospechosos, pero solo si se repiten constantemente a lo largo de un año.

Lo mismo se atribuye a los sueños en que vamos de un lado a otro, salimos de agua profunda o nos hundimos en ella. Este último sueño también puede indicar el peligro de una enfermedad mental, ya que el agua profunda por lo general simboliza la Mente Inconsciente.

Pero, de nuevo, estos hallazgos no son concluyentes porque esos mismos sueños pueden significar, no la muerte sino el crecimiento y la transformación de la personalidad, ya que esto sucede cuando el proceso de individuación se ha completado.

¿Qué hacer con las pesadillas?

Todo esto significa que no podemos ofrecer una explicación exacta o válida sobre las causas de la pesadilla. Sabemos qué hacer para no tener malos sueños, por ejemplo, que no deberíamos comer en abundancia justo antes de ir a dormir. También sabemos que el exceso de drogas, incluso la más suave de las píldoras somníferas, así como la preocupación prolongada o excesiva, pueden desencadenar los mecanismos de la pesadilla.

Los psicólogos aconsejan que vigilemos nuestros pensamientos anteriores al comienzo del reposo, ya que son los que con mayor probabilidad salen a la superficie durante el sueño. Los temas desagradables o aterradores, libros o películas mórbidos deben evitarse justo antes de ir a dormir.

Pero, ¿qué hacer si después de evitar todo aquello que se sospecha causa la pesadilla nos encontramos peleando con Drácula o el Hombre Lobo sin siquiera contar con la ayuda de un crucifijo o una bala de plata? La respuesta es simple. Debe devolverse el ataque. Si Drácula le muerde, muérdalo también. Sea tan malo y repulsivo con sus monstruos como ellos lo son con usted, incluso más que ellos si es posible. Si lo hace, verá como pronto sus sueños no se ven ensombrecidos por las pesadillas tan a menudo como antes.

Pero, un momento, ¿cómo hago esas cosas? ¿Cómo controlo mis pesadillas? Fácil. Antes de irse a dormir, dígase a sí mismo que no quiere tener malos sueños, pero que si vienen estará preparado para combatirlos.

¿Qué significan las pesadillas?

La razón por la que es importante para usted luchar contra la pesadilla es que *los símbolos horribles que aparecen en un mal sueño son en realidad todos los problemas que usted tiene y las cualidades negativas de sí mismo que todavía tiene que dominar.* Siempre que en la pesadilla nos enfrentemos a una figura terrorífica y la venzamos habremos integrado con éxito una parte negativa de nosotros mismos o habremos dado el primer paso para vencer un problema. Puede estar seguro de que esa figura específica no volverá a amenazarlo o atacarlo en un sueño nunca más.

Quiero hacer una pequeña digresión en este punto y contar una pesadilla que tuve recientemente que ilustra el punto anterior. Soñé con el arquetipo que Jung llamó la Sombra, que es un conglomerado de todos los rasgos negativos del individuo.

Cuando la sombra no está del todo integrada en la personalidad, puede destruirle. Desgraciadamente, esta integración lleva tiempo y en algunos casos nunca se completa.

En mi sueño yo veía la sombra de una mujer que se movía furtivamente empuñando un gran cuchillo, también en sombras. Yo sabía que sólo era cuestión de tiempo para que me atacara con el cuchillo. Pronto comprendí que mi presentimiento era acertado. La sombra incorpórea se dió la vuelta y se abalanzó sobre mí con el cuchillo en alto. "Es a ti a quien quiero matar", me siseó venenosamente. Yo estaba preocupada porque sabía que podía herirme, pero me quedé quieta. "¿Por qué quieres matarme?", le pregunté. "Porque te odio", me contestó y se acercó todavía más. Seguí sin moverme. Y, de repente, dejé de tener miedo. Sentí que controlaba la situación a pesar de la amenaza de la sombra. "No, tu no me odias", dije. "Tu me quieres. Me quieres mucho, ¿no es verdad?". La sombra bajó la cabeza y el cuchillo cayó de su mano abierta. "Si, te quiero", dijo con tristeza. "Te quiero mucho. Solo quisiera ser más como tú eres, pero sé que eso nunca podrá ser". Entonces desapareció y ahí se acabó el sueño.

Lo que ocurrió en este sueño es que yo me encaré a todos los aspectos negativos de mi personalidad, los acepté y, lo que es más importante, pude controlarlos y forzarlos a comprender que eran parte de mí y, que por lo tanto, no debían hacerme daño. La tristeza de la sombra porque no podía ser como yo es la aceptación de que todos sus rasgos deben permanecer ocultos porque son socialmente inaceptables. Nunca podrán ser expresados conscientemente, y por eso "nunca podrán ser". Me sentí muy aliviada tras este sueño porque marcaba un nuevo crecimiento en mi personalidad y la integración de mi Sombra.

Los senoi y las pesadillas

Enfrentarse a las figuras amenazantes en las pesadillas es una tarea que los miembros de la tribu Senoi, en la Península Malaya, llevan a cabo durante toda su vida. Este pueblo primitivo ha sido definido por los antropólogos como el grupo más democrático en toda la historia de la humanidad. No han tenido crímenes violentos ni conflictos personales a lo largo de muchos siglos y siempre se sienten felices y en perfecta salud mental.

El secreto de la paz de los Senoi es sencillo. Utilizan la interpretación y la manipulación de los sueños para conservar su salud mental. Los Senoi creen que las imágenes oníricas son parte del individuo y que están formadas por fuerzas psíquicas que adoptan una forma externa, como en mi sueño de la Sombra.

Por esta razón, aprenden desde la infancia a dominar esas fuerzas internas. A los niños Senoi se les anima no solo a enfrentarse sino a atacar a las figuras hostiles o "espíritus" en sus sueños. Se les enseña a invocar la ayuda de "espíritus amistosos" durante sus pesadillas. Estas fuerzas amistosas, que pueden compararse a las figuras angélicas y religiosas, son los aspectos interiores positivos de la personalidad. Los Senoi creen que toda figura amenazadora destruida por el soñador resurge más tarde como un espíritu amistoso o aliado.

También es importante según los Senoi no asustarse en los sueños en que caemos. Cuando nos enfrentamos a tales sueños, el individuo debe dejarse caer y pronto descubrirá que los sueños terroríficos en los que caemos se convierten en un vuelo agradable con sus habituales tintes eróticos.

El estudio concienzudo de las creencias sobre los sueños de los Senoi ha llevado a muchos psicólogos modernos a concluir que su filosofía de los sueños es la más saludable y adecuada para el mantenimiento de la salud mental y la integración de la personalidad.

Lo que se desprende de nuestro breve estudio sobre la pesadilla es que ésta es una expresión de miedos, ansiedad y rasgos negativos que debemos tratar de controlar por todos los medios. Podemos hacer esto enfrentándonos a la pesadilla: en vez de temerla, debemos atacarla y vencerla. Haciendo esto no solo vencemos nuestros problemas sino que también controlaremos todo lo negativo en nosotros.

Capítulo 6 ·

¿Puede uno controlar sus sueños?

*Aquellos que sueñan durante el día son
conocedores de muchas cosas que escapan
a aquellos que sueñan de noche.*
· **Edgar Allan Poe**, *Eleanora* ·

Dijimos en el capítulo anterior que una comida copiosa antes de ir a dormir puede ser la causa de terribles pesadillas. También los sonidos que penetran el sutil velo del sueño y que son registrados por la mente pueden influir en nuestros sueños de diferentes e interesantes maneras. Un grifo que gotea puede incorporarse a un sueño como pasos que se acercan amenazadores, el timbre de la puerta puede conjurar imágenes de boda, mensajes o incendios, el agua que corre puede transformarse en cataratas, inundaciones o sueños en los que uno se ahoga.

De la misma forma, la posición del cuerpo durante el reposo puede influir en un sueño con resultados sorprendentes. Una persona puede soñar que la estrangulan, que la desmiembran o que se ve envuelta en actividades sexuales simplemente debido a la presión de la ropa de cama sobre su cuerpo.

Los sueños de desnudez también so provocados por el peso de la ropa de cama o por estar destapado en una habitación con corrientes de aire.

Todos los sueños se conocen como sueños representativos y a menudo son provocados por un tipo específico de excitación automática de la zona cerebral causados por estímulos externos.

A menudo, durante los primeros momentos del reposo cuando la persona está empezando a dormirse, ésta puede ver una serie de extrañas caras desfilando rápidamente ante sus ojos. Otras veces también se ven envueltos otros sentidos y al soñador puede parecerle escuchar voces extrañas que le susurran al oído o que lo llaman por su nombre. La sensación de ser arrastrado por aguas impetuosas también es frecuente durante estas experiencias.

Debido a la naturaleza extraña de esta imágenes y sonidos, muchas personas adjudican un significado místico o sobrenatural a estos sueños. Pero, otra vez, estas imágenes son el resultado de un cerebro demasiado activo que libera una corriente de imágenes inconexas a la superficie de la mente consciente. Las caras y las voces son las más comunes porque son las imágenes y sonidos mentales almacenados con facilidad.

El sonambulismo

El fenómeno de sonambulismo, o caminar dormido, ha desconcertado a los científicos durante siglos. Al igual que el mojar la cama y los "terrores nocturnos", el sonambulismo suele darse casi exclusivamente en niños pequeños y durante la pre-pubertad. Aunque se han dado algunos casos de adultos afectados por estos desórdenes, es bastante raro.

Aunque la mayoría de los médicos concuerda en que no hay una explicación definitiva del sonambulismo, se ha sugerido que estos episodios pueden ser la expresión de conflictos emocionales reprimidos por el niño durante la vigilia a los que se les permite exteriorizarse durante el reposo. También pueden originarse por la hiperactividad del niño; en otras palabras, el niño que está siempre demasiado activo para su edad y su constitución física puede ser víctima del sonambulismo.

En la actualidad los médicos aconsejan no tratar el sonambulismo de ninguna manera, ya que este fenómeno desaparece antes de la adolescencia. Además, como la mayoría de los tratamientos son ineficaces, solo sirven para angustiar al niño sin necesidad

¿Qué hacer cuando el que padece sonambulismo es un adulto? Aquí el caso es completamente diferente. El sonambulismo en un adulto es una señal de un estado de angustia grave que debe ser tratado por un psicólogo competente.

Sueños inducidos

El sueño inducido es aquel que es implantado en el Inconsciente. En otras palabras, es una forma de aprender sobre nosotros mismos, nuestros problemas y sobre cómo resolverlos.

Al principio, los sueños se utilizaban como un medio para prevenir o curar enfermedades. Al igual que Aristóteles, quien creía que podía identificar una enfermedad por el tipo de sueño de una persona, muchos de los antiguos creían, no solo que podían identificar las enfermedades a través de los sueños sino también curarlas. Entre los practicantes de la medicina de los sueños fueron notables Hipócrates y Galeno, los padres de la medicina moderna.

La inducción de sueños en aquellas épocas tempranas recibía el nombre de incubación. Esta consistía en ir a un lugar sagrado para recibir un sueño significativo de un dios. Aunque el sueño inducido se utilizaba principalmente en la curación, la incubación tenía múltiples aplicaciones.

Por ejemplo, en la famosa *Epopeya de Gilgamesh*, el héroe solicita un sueño de una montaña justo antes de atacar a un monstruo. Gilgamesh y sus compañeros siguen un ritual mágico para lograr su propósito. Hacen un agujero en el suelo en dirección al sol poniente y de este agujero emerge un sopor misterioso, somnífero, que vence al héroe. La tierra que se abre en esta leyenda simboliza la revelación de los procesos inconscientes a la Mente Consciente.

Los yoguis también practican la incubación de sueños en lo que ellos llaman el estado intermedio del sueño. Son necesarios tres requisitos para que el yogui evoque el sueño deseado.

Primero, durante el reposo, el yogui nunca debe estar inconsciente, esto es, debe estar intensamente consciente de que está durmiendo y debe controlar tanto sus sueños como los objetos y personas en ellos percibidos.

Segundo, debe mantenerse en un estado entre dormido y despierto.

Y tercero, antes de irse a dormir debe hacer una serie de ejercicios respiratorios que le permitan alcanzar la "unión" requerida mediante la exhalación y la inhalación, en el punto justo en el que entra en contacto con la energía pura del Alto Yo.

En Irán, los derviches inducen sueños mediante una droga mezclada con vino. Los musulmanes en general creen que la práctica de la incubación es parte de un rito conocido como el **istiqara**. Los sueños resultantes de este rito se toman como revelaciones divinas.

Dos de los pasos que se dan para inducir este tipo de sueño son, antes que nada, invocar la ayuda y protección del "Maestro" eterno y "Guía" eterno del individuo, y después evitar que la mente divague mientras se concentran todos los pensamientos en el sueño deseado.

Sueño creativo

Se han dado muchos casos, tanto en la literatura como en la música, en que la idea para una obra maestra la proporcionó un sueño. Por ejemplo, La isla del tesoro y Dr. Jekyll y Mr. Hyde se inspiraron en los sueños de Robert Louis Stevenson. La Divina Comedia de Dante, Trilby de Du Maurier y el Kubla Khan de Coleridge son todos ejemplos de obras maestras inspiradas en sueños.

Muchos otros escritores famosos, como Henry James, Baudelaire, Emily Brönte, Dostoyesvky, Wordsworth y Walter de la Mare, utilizaron sus sueños para escribir relatos inolvidables.

Sugestión mental mediante los sueños

Muchos psicólogos modernos están convencidos de que el soñador puede controlar sus sueños y, a través de éstos, alterar su vida. También creen que podemos implantar sugestiones positivas en nuestro Inconsciente antes de irnos a dormir para obtener así respuesta a nuestros problemas en forma de sueños enviados por el Inconsciente.

La Doctora Patricia Garfield, una notable investigadora en el campo del control de sueños, dice que el soñador que llega a ser completamente consciente de su estado de soñante y puede mantener esa conciencia, puede experimentar sus deseos más íntimos en sus sueños. Puede elegir "conscientemente" con quien hacer el amor en un sueño, viajar a tierras lejanas, hablar con cualquier personalidad que desee, real o ficticia, viva o muerta, encontrar soluciones a sus problemas de vigilia, y descubrir inclinaciones artísticas.

El soñador que puede mantenerse consciente durante sus sueños entra en una aventura personal excitante.

Pero quizá la más importante de las ventajas del soñador creativo sobre el soñador ordinario es que tiene la oportunidad de unificar e integrar su personalidad. Las imágenes oníricas intrépidas que el soñador creativo aprende a desarrollar derivan de un sentimiento de capacidad que se transmite a la vida despierta y favorece una actuación competente y segura. Además, el control de los sueños resultará en la capacidad de mantener las imágenes oníricas durante largo tiempo, así como poder recordar los sueños con facilidad.

¿Cómo podemos aprender a controlar nuestros sueños?

La Doctora Garfield tiene, no uno sino media docena de sistemas que una persona puede seguir para tener sueños a su gusto. El más sencillo de estos métodos es el celebrado sistema de incubación de los antiguos. Para seguir este método, el individuo debe empezar por encontrar un lugar tranquillo y agradable para sus experimentos oníricos, un lugar donde no pueda ser distraído del tema que se desea soñar.

El siguiente paso es formular con claridad el sueño que se pretende. Es importante escoger un tema onírico específico y concentrar la atención en una frase concisa y positiva, como "esta noche voy a aprender a resolver éste o aquel problema". También se puede escoger soñar con una persona especial o con la cura de una enfermedad.

Lo importante es recordar que la fe en el ritual del sueño y la determinación son los ingredientes básicos para el éxito. Se debe estar preparado a recibir una respuesta mediante el sueño y mantener la concentración fija en el tema onírico escogido.

Después de haber seguido los pasos precedentes con cuidado, hay que relajar profundamente el cuerpo mediante exhalación e inhalación rítmica y regular del aire. Cuando el cuerpo alcanza un estado de adormecimiento relajado, se debe repetir el tema onírico elegido una y otra vez concentrando el pensamiento en ello. En este punto, se visualiza el sueño como si estuviera ocurriendo y se trata de imaginarse a uno mismo después de que el sueño haya tenido lugar. En otras palabras, se debe creer firmemente que el Inconsciente puede proporcionar el sueño deseado.

Garfield también aconseja a sus estudiantes anotar todos los sueños en tiempo presente y hacerlo inmediatamente después de despertar. Cree también que es importante crear imágenes oníricas positivas en la vida despierta. También enfatiza y aconseja envolverse en actividades relacionadas con el sueño deseado justo antes de ir a dormir. Esto asegura que el Inconsciente reciba una imagen clara y conectada con el sueño antes del reposo lo cual facilitará el sueño deseado.

Algunas personas tienen la extraña habilidad de despertarse en plena noche, interrumpir un sueño agradable, y volver después al sueño y continuarlo donde lo dejó. Este tipo de control de los sueños puede adquirirse con perseverancia y determinación. Pero, quizás el aspecto más deseable del control de los sueños sea el de ser consciente que soñamos en medio del sueño. Esto se conoce como sueño lúcido y es una práctica común entre los yoguis.

Se conocen varios pasos para conseguir un sueño lúcido. En primer lugar, se debe aceptar que todos los sueños son formas de pensamiento. Esto quiere decir que cada pesadilla horrible y cada sueño desasosegado es la expresión de su propio Inconsciente. Sabiendo esto, le resultará más fácil enfrentarse a un monstruo en una pesadilla o no se sentirá tan consternado si se ve envuelto en una relación amorosa con una pareja que lo perturba.

El siguiente paso es asegurarse que permanecerá consciente durante sus sueños. Es muy útil concentrarse en la idea de estar consciente durante el sueño durante dos o tres días antes de intentar llevarlo a cabo. Cuando se es consciente durante el sueño, se puede inducir cualquier cambio que desee. Esto eliminará nuestro miedo ante cualquier imagen onírica, por muy terrorífica que sea, ya que podremos cambiar esa imagen a voluntad. Conforme uno vaya perdiendo el miedo al simbolismo negativo de los sueños, será capaz de utilizar sus sueños con propósitos creativos y curativos.

Se debe recordar que conseguir el control de los sueños requiere persistencia y estar determinado a lograrlo. Como dice el viejo refrán, si no lo consigue la primera vez, vuélvalo a intentar. Con el tiempo lo logrará.

Capítulo 7 ·

Como interpretar sus sueños

Queda una larga, larga noche de espera
Hasta que todos mis sueños se realicen
Hasta el día en que recorra
Este largo, largo camino contigo.

· **Stoddard King** *"Queda un largo, largo camino"* ·

Como hemos visto, muchos de nuestros sueños se realizan. Y esto sucede porque el Inconsciente humano se mueve en un continuo tiempo-espacial donde el pasado, presente y futuro se funden en el infinito. El sueño profético de predicción forma parte del fenómeno que Jung llamó sincronicidad, expuesto en el Capítulo 5. No hay duda de que el sueño profético sucede. Lo que resulta curioso es el hecho de que no todos nuestros sueños se realizan y de que raramente somos capaces de saber por adelantado cuáles son proféticos y cuáles no.

El sueño profético

Los sueños proféticos tienen en común su carácter de advertencia. Nada importante nos ocurre sin que sea anunciado de alguna manera en un sueño. El sueño nos prepara o de alguna manera nos sugiere lo que debemos hacer sobre un acontecimiento futuro.

Cuando el suceso que se predice es desagradable o trágico es como si el Inconsciente nos estuviera diciendo que debemos ser fuertes y prepararnos para un evento desastroso. En estos momentos se produce un fortalecimiento mental y emocional en el individuo. Debido a que la persona ya ha vivido la experiencia negativa en el sueño está mejor preparada para afrontarla en la realidad. En este sentido, podemos decir que el sueño profético protege al individuo de los golpes súbitos que pueden amenazar su bienestar físico y mental. Los acontecimientos excitantes o alegres también se anticipan en los sueños porque pueden ser emocional y físicamente agotadores para el individuo.

Cómo enfrentarse a los malos sueños

En primer lugar, debemos tratar de determinar si el mal sueño se debió a la ingestión de una comida pesada antes de ir a dormir. Si ese no es el caso, podemos pasar a identificar los motivos oníricos y tratar de interpretar su simbolismo. Si descubrimos un mensaje en los símbolos del sueño, podemos tomar las medidas de protección oportunas, si es que hay alguna. Si no hay ninguna, lo mejor es tranquilizarse y tomar el sueño como cierto.

Es inútil preocuparse por un mal sueño, ya que nunca se puede decir cuáles son proféticos y cuáles son solo una expresión de tendencias negativas en nuestra estructura mental. Y en cualquier caso, el sueño profético es difícil de evitar. Simplemente avisa que algo sobre lo que no tenemos control va a suceder.

Cómo recordar los sueños

Se ha comprobado en experimentos que todos soñamos al menos dos horas cada noche, aunque este tiempo no es continuo sino que se compone de segmentos de sueño de diferente duración.

Debido a que los sueños solo se recuerdan si el soñador se despierta durante el sueño (período REM) o durante los diez minutos siguientes al despertar, no es fácil recordar todos los sueños que tenemos en una noche. Algunas veces no podemos recordar ningún detalle, aunque tengamos la vaga sensación de haber soñado.

Al contrario, los sueños parecen hacerse más y más vagos y difíciles de recordar cuánto más tratamos de recordarlos.

Entonces, ¿cómo podemos capturar el evasivo recuerdo de un sueño? Sencillamente diciéndonos cada noche que queremos recordarlos al despertar y llevando un diario de ellos.

Su diario de sueños

No es difícil llevar un diario de sueños. Todo lo que se necesita es una libreta (dedicada a este propósito) y determinación. La libreta debe estar siempre al lado de la cama y debe anotarse con todo detalle cada sueño que se recuerde al despertarse. Es importante anotar los sueños antes de salir de la cama, ya que todos tienden a disiparse con cada pensamiento despierto.

Si uno se despierta por la noche después de un sueño vivido, debe anotarlo en vez de esperar a la mañana siguiente. Esperar significaría perder el sueño. Eso ocurre debido a que en el transcurso de la noche tendremos otros sueños que se superpondrán a aquel que no anotamos, y el recuerdo de aquel sueño particular se borrará.

Es importante anotar junto a cada sueño la fecha y los sentimientos que despertó en nosotros. Por lo general la impresión que causó un sueño en la persona es una indicación de los conflictos internos que afronta su Inconsciente y del tipo de mensaje que intenta filtrar a la personalidad consciente. Por esta razón, es útil identificar estos sentimientos al anotar el sueño y añadirlos después de éste a modo de comentario.

Análisis de sueños

Dijimos antes que nuestros sueños son imágenes simbólicas liberadas por el Inconsciente durante el reposo. También dijimos que podemos controlar esas imágenes de diferentes maneras, como por ejemplo mediante la sugestión mental. Pero aun así, esas imágenes no pueden ser implantadas en el Inconsciente a menos que pertenezcan a la experiencia real del individuo. Por ejemplo, no se puede esperar soñar con los Campos Elíseos en toda su gloria si nunca se ha estado en París. En otras palabras, el Inconsciente solo puede trabajar con el material almacenado de las experiencias previas.

Motivos oníricos

Ya se han mencionado los símbolos que se repiten en los sueños de todo el mundo y que Jung llamó motivos oníricos. Ejemplos de motivos oníricos son los sueños con trenes, bodas, volar, escalar, caer y cientos de otros temas. Estos son los sueños que componen los diccionarios de sueños típicos, como el que se incluye en este libro.

Cuando analicemos el sueño, debemos tratar de identificar tantos motivos como haya en el sueño. Si por ejemplo soñamos que bajamos una escalera corriendo en persecución de un ladrón que nos ha robado la cartera, podemos identificar cuatro motivos:

1—Correr escaleras abajo   **2**—Persecución

3—Ladrón   **4**—Cartera.

Entonces buscamos el significado tradicional asociado a cada uno de estos motivos en un diccionario de sueños.

Después nos concentramos en cada motivo y escribimos la primera cosa que se nos ocurre en relación con ese tema particular. Esto nos revelará el significado particular que cada motivo tiene para nosotros. Este significado puede variar de una persona a otra.

Durante el análisis del sueño debe tenerse en cuenta el entorno inmediato del soñador y cualquier problema o conflicto personal con los que la persona se enfrenta en el momento de soñar. Por lo tanto no puede significar lo mismo soñar con una catarata si usted vive cerca del Niágara que si vive cerca del desierto de Mohave. Así, no es lo mismo tener un sueño violento si es un policía o un gángster que si es sacerdote o monja. Por tanto, el entorno inmediato de una persona, su estado de ánimo y su vida personal se reflejarán de algún modo en sus sueños y, por esta razón, deben tomarse en consideración durante su análisis.

Se debe tomar como hábito anotar las experiencias reales que se asocia con cientos motivos o símbolos oníricos. Por ejemplo, si descubre que poco después de soñar con una rosa recibe una carta con buenas noticias, debe anotar esta experiencia y tenerla presente cada vez que aparezcan rosas en sus sueños. Si es meticuloso en el registro de sus sueños en su diario, no pasará mucho tiempo antes de que pueda crear su propio diccionario de sueños que le servirá como guía individual.

El ritual al irse a dormir

La mayoría de nosotros nos vamos a dormir cada noche demasiado cansados o soñolientos como para seguir un ritual. Damos por sentados nuestros hábitos en el dormir lo mismo que nuestros sueños. Pero, en realidad, nuestros períodos de reposo son tan importantes como nuestros períodos de vigilia, porque durante el sueño nos adaptamos y asimilamos los conflictos con los que nos enfrentamos durante la vigilia. Esto se hace mediante la simbología de los sueños, como hemos visto. Es por tanto muy importante que cada noche nos vayamos a dormir con el estado de ánimo adecuado. Un corto ritual antes de irse a dormir es la mejor forma de conseguirlo sin importar cuál cansados u ocupados estemos. No se necesita mucho tiempo y los resultados pueden cambiar nuestras vidas.

El ritual para irse a dormir que se sugiere es muy sencillo. Lo primero que hay que hacer una vez que estemos en la cama listos para dormir, es tendernos boca arriba con los ojos cerrados y los brazos estirados a lo largo del cuerpo y, empezando por los pies y subiendo hasta la cabeza, relajar el cuerpo lentamente hasta llegar a los músculos de la cabeza y el cuero cabelludo. Mientras se relaja cada grupo de músculos hay que ir respirando en forma regular y profunda.

Cuando sienta el cuerpo cómodo y relajado, se debe proceder a implantar en el Inconsciente cualquier sugestión que quiera desarrollar en sus sueños. En ese momento, debe decirse a si mismo que quiere recordar todos los sueños importantes cuando despierte y que no tendrá miedo de ninguno de ellos, por muy desagradable que sean. Esto es todo lo que tiene que hacer. Es sencillo, fácil y corto, pero notará la diferencia en la calidad positiva de sus sueños. Debido a que muchas personas se duermen durante el período de relajación y respiración profunda, muchos psicólogos recomiendan implantar las sugestiones primero y proseguir luego con la relajación de los músculos.

Si desea contactar a alguien en el nivel inconsciente durante el sueño, también puede hacerlo durante su ritual para dormir, exponiendo su intención de encontrar a esa persona y ver el resultado de ese encuentro en un sueño.

Recuerde que los sueños no solo son mensajes, sino también informes precisos del estado de nuestro Inconsciente. Su principal propósito es hacerle a usted la vida más fácil y llevadera y permitirle un mayor control sobre su destino. Entendiendo sus sueños, no solo se entenderá mejor a si mismo, sino que entenderá a los demás y su relación con usted.

Mediante el correcto análisis de sus sueños, sus horizontes se ampliarán, y sus posibilidades de éxito se centuplicarán. Le hemos mostrado como alcanzar estos objetivos. Aplique el conocimiento adquirido y que tenga muchos sueños felices.

$\blacklozenge$ $\blacklozenge$ $\blacklozenge$

Diccionario de Sueños

NOTA: Este diccionario de sueños da para cada término el significado tradicional o establecido. La situación personal del que sueña y su entorno inmediato también han de tomarse en consideración. Los números que siguen a la explicación de cada sueño son los que les adscribe la tradición popular, y se cree que traen suerte en los juegos de azar.

A—Exito en los negocios. 1, 10.

Abandono—Dificultades y conflictos personales. Es importante fijarse en qué y por quién es abandonado, ya que es probable que esas cosas o personas salgan pronto de su vida. 3, 37.

Abanico—Muy pronto recibirá buenas noticias y sorpresas maravillosas. 51, 3.

Absceso—Se niega a admitir que tiene un problema. Debe armarse de valor y resolver la situación, aunque resulte doloroso. Si lo hace, superará todos los obstáculos. 7, 87.

Abdomen—Si tiene un aspecto normal, se cumplirán sus sueños más profundos. Si sangra o no parece sano, pronto aparecerá la desdicha. Cuidado con los accidentes. 3, 37.

Abejas—Acuerdos comerciales provechosos y satisfactorios. Mucha felicidad a través de sus hijos. Si la abeja pica, sufrirá pérdidas o un amigo le ofenderá. 52, 61.

Abismo—Peligros, amenazas y mala suerte que puede o no superar. Si cae en el abismo, tendrá muchos problemas personales. El sueño puede también anunciar su propia muerte. Si en ves de caer desciende por el abismo, existe la necesidad de buscar en su inconsciente la solución a sus problemas personales. 11, 14, 69, 70, 75.

Abogado—Procure no cometer indiscreciones que le podrían costar caras a la larga. 43, 28.

Aborto—Anuncia mala salud. En una mujer advierte sobre una mala decisión que podría causarle desdicha. 9, 93.

Abrazo—Futuras disputas y desacuerdos entre los novios o matrimonios. Abrazar a familiares indica que caerán enfermos. 65, 36.

Abrigo—Si toma uno prestado, pasará por experiencias desagradables a causa de los errores de extraños. Que lleve o vea uno bonito, significa que se cumplirán sus deseos. 57, 28.

Abril—Le esperan una gran felicidad y alegría. Si el tiempo es malo, la mala suerte desaparecerá. 44, 74.

Absolución—Soñar que le absuelven en un crimen anuncia la adquisición de una propiedad valiosa que puede causarle problemas legales. 28, 41.

Abuelos—Dificultades que superará siguiendo el sabio consejo de un amigo o un pariente. 54, 6.

Abuso—Si alguien abusa de usted, deberá enfrentarse a la enemistad y el acoso de falsos amigos. 15, 8.

Acantilado—Tenga cuidado porque un incendio grande puede destruir su propiedad. 15, 48.

Accidente—Debería evitar los viajes por un tiempo ya que su vida puede estar en peligro. 98, 91.

Aceite—Controlará su propio destino y el de otras personas. Una gran cantidad de aceite simboliza el exceso en los placeres. 14, 82.

Aceite de Ricino—Desconfía de un amigo sincero que solo intenta ayudarle. 4, 82.

Aceptación—Soñar que una propuesta de negocios es aceptada significa que acertará al hacer una transacción que temía que fracasara. Soñar que un amante le acepta anuncia felicidad y el posible matrimonio en esa persona. 5, 57.

Acido—Angustia en el futuro si lo bebe. Verlo significa que se urdirá una traición contra usted. 42, 86.

Acordeón—Oír la música de un acordeón anuncia diversiones y placeres. Si toca el acordeón significa que alcanzará el afecto de su amor a través de un suceso desafortunado. 4, 8, 18.

Actor y Actriz—Ver a cualquiera de los dos en un sueño anuncia una gran alegría en el futuro. Si está enamorado de uno, no tendrá que preocuparse por el dinero. Si el actor/actriz está muerto en la vida real, le esperan dificultades. 14, 36, 52.

Acusación—Discusiones y escándalos en el futuro. 3, 10, 39.

Admiración—Si sueña que le admiran, tendrá buena suerte. Si es usted quien admira a otra persona, pronto tendrá dificultades. 59, 71.

Adopción—Soñar que usted u otra persona adoptan a un niño significa que hará cambios acertados en su entorno. 21, 40.

Adulterio—Que cometa adulterio en un sueño, indica que quizás su matrimonio no es tan sólido como parece. El sueño denota descontento y deseo de cambio. 1, 11, 39.

Adversario—Vencer a su adversario en un sueño significa que escapará de algún desastre próximo. Usted es su peor enemigo y podría se el responsable de algún conflicto en un futuro. 5, 11, 50, 55.

Afeitado—Todas sus empresas comerciales triunfarán. 92, 2.

Afortunado—Puede estar seguro de que se cumplirán sus deseos. 6, 14.

Africa—El sueño denota experiencias místicas y amor por la naturaleza. Espere lo inesperado. 99, 35.

Agonía—Este sueño denota una mezcla de tristezas y alegrías. Evite los temores imaginarios que le torturarían sin necesidad. 98, 49.

Agosto—Acuerdos comerciales poco acertados y problemas amorosos. Penas en su vida matrimonial si sueña que se casa durante este mes. 76, 41, 4.

Agua—Gozará de felicidad y prosperidad si el agua es clara. Peligro y desdicha si está turbia o sucia. Beber agua sucia es un augurio de enfermedad. Jugar con agua, predice un amor y pasión súbitos. 10, 7.

Aguacate—Le visitará alguien por quien siente un gran afecto. 76, 31, 6.

Aguila—Si sueña que vuela muy alto por encima de usted, sus aspiraciones elevadas se cumplirán. Si está posada en un lugar elevado , tendrá fama y fortuna. Matar a un águila significa que ningún obstáculo será demasiado alto para usted. 1, 19, 11.

Aguja—Preocupaciones y desdicha. 71, 44.

Agujero—Dentro de poco emprenderá un largo viaje. 91, 23.

Ahogarse—Si es usted quien se ahoga, sufrirá pérdidas en los negocios o en su propiedad. Salvar a alguien que se está ahogando indica que ayudará a amigos que lo necesitan y que le recompensarán ampliamente. 76, 24.

Ahogo—Tristeza y angustia por el comportamiento de alguien a quien ama. Vigile su salud. 28, 14.

Aire—Buena suerte si el aire es puro. Exito en el amor si está perfumado. El aire viciado augura enfermedad y mala suerte. 79, 18.

Ajedrez—Jugar ajedrez en un sueño denota estancamiento en los negocios y mala salud. Si pierde, tendrá muchas preocupaciones; si gana, superará todas las dificultades. 99, 27.

Ajo—Pasará de la pobreza a la riqueza y la prosperidad. En una mujer anuncia un matrimonio de conveniencia. 22, 36.

Alabastro—El sueño predice un matrimonio afortunado y buenos acuerdos comerciales. Si ve una figura de alabastro rota, la tristeza le ronda. 20, 51.

Alambrada—Domine su mal genio y no se arriesgue en asuntos de negocios, ya que pueden engañarle. 64, 79.

Alarma—El sueño denota la presencia de miedos y ansiedades en su interior. Tenga cuidado cuando viaje y no confíe sus asuntos personales a nadie. 12, 30.

Alas—Tener alas significa que temerá por la seguridad de un ser querido que está lejos. Si sueña con alas de un pájaro, tendrá que luchar contra la adversidad, pero conseguirá salir adelante. 55, 9.

Albaricoque—Verlos crecer augura un futuro menos maravilloso de lo que espera. Si embargo, comerlos denota buena fortuna. 28, 40, 78.

Alfombra—Ver una alfombra augura ganancias y amistades con dinero. Caminar sobre una alfombra anuncia prosperidad y felicidad. 48, 72.

Algodón—Buena suerte en los negocios. Verlo a punto para la recolección denota riqueza y abundancia para un granjero. 33, 72.

Aliento—El buen aliento indica que disfrutará del respeto y la admiración de otros. Si el aliento es fétido, esté atento a posibles enfermedades. Las dificultades respiratorias aluden a oportunidades desaprovechadas. 31, 63.

Almacén—Prosperidad y progreso en todos sus asuntos. 3, 75.

Almejas—Hará tratos con una persona testaruda pero honesta. Comerlas indica que disfrutará de la prosperidad de otra persona. 90, 55.

Almendras—Le esperan riquezas y buena suerte. Sin embargo, su buena fortuna puede verse desplazada por la tristeza. 61, 76.

Almohada—Lujo y confort. 73, 9.

Alquiler—Si alquila una casa, firmará un contrato provechoso. Pagar el alquiler denota el buen estado de sus finanzas. 39, 44.

Alquitrán—Cuídese de rivales peligrosos y trampas en los negocios. Tener alquitrán en las manos denota enfermedad y angustia. 95, 48.

Altar—Aviso de que está a punto de cometer un grave error. También anuncia un matrimonio repentino. 79, 36, 51, 62.

Aluminio—Este sueño significa que usted acepta su destino. Si el metal está deslustrado, entonces aparecerán tristezas inesperadas. 29, 42.

Amarillo—Felicidad y satisfacción en sus asuntos. 5, 19.

Amatista—Ver una en un sueño anuncia alegría y éxito en los negocios. Si la amatista se ha perdido, tenga cuidado con los compromisos rotos y los amores desairados. 9, 57.

Ambición—Salud, riqueza y buena suerte. 3, 31, 69.

Ambulancia—El sueño anuncia la rápida recuperación de una próxima enfermedad. 61, 17.

América—Obtendrá honores y éxito, pero estará rodeado de envidia y enemigos ocultos. 48, 13.

Amigo—Felicidad próxima si se encuentran bien y están contentos. Si les ve tristes o enfermos, le llegarán malas noticias sobre ellos. 62, 51.

Amor—Satisfacción con su entorno. Éxito en los negocios y liberación de la ansiedad. 75, 69.

Amoroso—Debería tener cuidado con los asuntos del corazón porque pueden acarrearle verguenza y escándalo. 55, 37.

Amputación—Denota la pérdida de propiedad, especialmente en lo referente a negocios. 10, 88.

Ancla—Si ve una significa que tiene el futuro asegurado y que sus esperanzas se cumplirán. También anuncia discusiones entre enamorados. Viajes tranquilos para los marineros. 39, 47, 56.

Anchoas—Se aproximan tristezas y problemas. 27, 92.

Andamio—Desengaños amorosos. Si baja de uno, significa que infringirá la ley y pagará por ello. 13, 8.

Angel—Recibirá buenas noticias. Si el ángel no se acerque a usted indica que debería cambiar su modo de vida. Corre algún tipo de peligro. 14, 65.

Anillo—Llevar uno significa que un nuevo negocio tendrá éxito. 69, 18.

Anillo de bodas—Si ve su anillo de bodas brillante y reluciente, tendrá un compañero considerado y amoroso durante toda su vida. Si está roto o lo ha perdido, sufrirá por la muerte de su pareja o su incompatibilidad con ella. 23, 88.

Animales—Soñar con muchos animales es un buen presagio para los enamorados y anuncia un matrimonio feliz. 4, 14, 44.

Ansiedad—Aunque parezca extraño, este sueño es un buen augurio; significa que superará las dificultades. Es probable que pronto le alcancen el éxito y la buena suerte. 22, 38.

Antigüedades—El sueño augura una vida larga y feliz para usted y aquellos a quienes ama. 99, 10.

Antorcha—Si sueña con antorchas tendrá tareas agradables y ganancias en los negocios. 11, 92.

Anuncio—Si lee uno es posible que le derroten sus enemigos. 27, 64.

Anzuelo—Tendrá que hacer frente a obligaciones desagradables. 3, 28.

Año Nuevo—Prosperidad que no esperaba y un matrimonio feliz. 77, 10.

Aparición—Tenga cuidado, una amenaza se cierne sobre sus hijos y las personas que dependen de usted. Están en peligro tanto su vida como su propiedad. 20.

Apartamento—Cuidado con las discusiones familiares. 33, 41.

Apio—Si es fresco y crujiente, todas sus empresas le reportarán prosperidad y felicidad. Si está podrido o mustio, es posible que pronto se produzca una muerte en su familia. Comerlo significa que recibirá mucho afecto de sus parientes y amigos. 20, 7.

Apostar—Si apuesta y gana, se asociará a personas de escaso calibre moral. Si pierde, su comportamiento hará sufrir a alguien cercano a usted. 22, 91.

Aprendiz—Trabajar como aprendiz indica que tendrá que luchar para ganarse una posición entre sus iguales. 1, 36, 46.

Arabe—Este sueño augura éxito en los negocios y viajes al extranjero. También significa que tiene enemigos peligrosos y traicioneros. 66, 37.

Arado—Disfrutará de un éxito desacostumbrado en todos sus asuntos. 32, 75.

Araña—Con su esfuerzo conseguirá fortuna. Una tela de araña indica seguridad para usted y su familia. Discusiones en el hogar o entre enamorados, si mata a una. 77, 12.

Araña (lámpara)—Un éxito inesperado le permitirá alcanzar sus más inesperados sueños. Si está rota o sucia, caerá en especulaciones poco juiciosas que le costarán mucho dinero. 22, 80.

Arañazo—Tenga cuidado, sus enemigos intentan perjudicarle o destruir su propiedad. 16, 92.

Arbol—Los árboles sanos auguran la realización de sus esperanzas y la satisfacción de sus deseos. Pérdidas y tristezas si están muertos o caídos. Subir a un árbol indica que conseguirá prestigio y distinciones. 17, 63.

Arbol—de Navidad—Le esperan muchos momentos felices y buena suerte. 6, 22.

Arcilla—Cavar en arcilla indica que tendrá que someterse a demandas excesivas por parte de sus enemigos. Mal augurio para el amor. 52, 14.

Arco—Alcanzará fama y distinción gracias a su esfuerzo y determinación. Si pasa bajo un arco, los que le desdeñaron en el pasado buscarán su compañía. Un arco caído simboliza esperanzas frustradas. 17, 39.

Arco y flecha—Dificultad para conseguir que cumplan sus instrucciones y escasos resultados. Si acierta en la diana, superará todos los problemas y obtendrá ganancias financieras y también personales. 9, 76.

Arco iris—Los asuntos y sucesos inusuales le traerán éxito, placer y felicidad. 42, 56.

Ardilla—Buenos amigos y ganancias en sus negocios, si la mata será impopular y perderá a sus amigos. 35,19.

Arena—El sueño augura hambre y pobreza. 11, 63.

Arenas movedizas—Conocerá a gente engañosa y sufrirá pérdidas por su causa. 28, 73.

Armada—Problemas y dificultades en la familia. Necesitará una gran fuerza y determinación para superar los obstáculos, pero lo conseguirá. 9, 83, 12.

Armario—No derroche su dinero ya que pronto podrá tener apuros económicos. 33, 71.

Aroma—Para una mujer significa que pronto recibirá el amor de un buen hombre. En un hombre anuncia alegrías y satisfacciones personales. 77, 55, 9.

Arpa—Escucharla augura el fín de una empresa provechosa. Tocarla significa que debería ser más cuidadoso cuando escoge sus amistades o amantes. 55, 75.

Arpón—Tendrá que enfrentarse a enemigos poderosos que pueden causarle muchos problemas. 16, 53.

Arquitecto—Un cambio en la orientación de sus negocios acabará con pérdidas. Para una mujer significa que sus planes matrimoniales fracasarán. 4, 8, 48.

Arresto—Sus problemas actuales pronto se disiparán y encontrará la felicidad. 78, 41, 20.

Arroz—Exito y cálidas amistades para compartirlo. Comerlo anuncia una feliz vida familiar y prosperidad en general. 77, 53.

Artista—Exito en todas sus empresas gracias a su buen gusto y diplomacia. 6, 96, 14.

Arzobispo—Encontrará muchos obstáculos en su camino al éxito, pero los superará. 2, 7, 34.

Asado—Problemas familiares y engaño entre sus amigos. 22, 76.

Ascenso—Si alcanza la cima, obtendrá el éxito tras una larga lucha. Si no consigue llegar a la cima, se le presentarán obstáculos demasiado importantes. Continúe esforzándose y alcanzará el éxito. 88, 4, 28.

Ascensor—Subir en ascensor indica que pronto ascenderá de posición y obtendrá riquezas. Si baja, tendrá que afrontar desgracias y mala suerte. 60, 81.

Aseo—Su timidez puede causarle pérdidas en los negocios y en sus asuntos en general. 71, 62.

Asesinato—Gran pesar por los delitos de otros. Mal augurio, predice engaño, deshonra y desdichas en general. 88, 94.

Asesino—Si usted es su víctima, no tendrá éxito en sus empresas. El sueño le alerta sobre posibles pérdidas causadas por enemigos ocultos. 88, 94, 13.

Asia—Se avecinan cambios que no le reportarán beneficios materiales. 62, 97, 4.

Asiento—Seguridad y protección en su vida. 17, 84.

Asilo—Enfermedades y malos acuerdos comerciales. 44, 82.

Asistencia—Ofrecerla indica que sus esfuerzos por alcanzar una mejor posición darán resultado. Si se la dan a usted, contará con la ayuda de buenos amigos. 76, 5, 59.

Asno—Si va cargado, tendrá éxito tras grandes esfuerzos y dificultades. Vigile que otros no le utilicen. 341, 87, 2.

Aspid—Enemigos ocultos intentarán causar estragos en su vida. Desdicha en asuntos amorosos y también calamidades imprevisibles. 2, 15, 63.

Astilla—Problemas por culpa de sus parientes o de rivales celosos. 24, 87.

Astrología—Su futuro está lleno de alegrías inesperadas y éxitos. 19, 90.

Asustado—Estar asustado en un sueño es señal de que pronto tendrá que afrontar la ansiedad que se está formando en su interior. Es una llamada del inconsciente para que sea fuerte y confíe en su propia capacidad, ya que saldrá adelante con solo proponérselo. 75, 49.

Ataúd—Malas cosechas y ganado enfermo para un granjero. En un hombre de negocios denota la acumulación de deudas. Es posible que se produzca una muerte, pero con su determinación puede superar otros malos augurios. 66, 14.

Atico—Sus esperanzas no se realizarán por falta de una base sólida. Resolverá sus problemas si razona. 6, 36, 13.

Atlas—Observar uno indica que estudiará cuidadosamente cada proposición antes de decidir. 79, 9, 14.

Atleta—Tendrá que soportar muchas discusiones familiares. No deje que le inquieten demasiado. Ya pasarán. 29, 41, 1.

Atracador—Recibirá un regalo inesperado. 90, 63.

Aullido—Pronto recibirá malas noticias. 78, 20.

Aura—Inquietud mental y el deseo de encontrar paz interior. 9, 11, 71.

Australia—Pronto se producirá un cambio radical en su vida. 37, 5, 29.

Automóvil—Si es usted quien conduce, significa que es dueño de su propia vida. Si va como pasajero, la persona que conduce controla o dirige su vida en algún sentido. 7, 64, 96.

Autor—Si un escritor sueña que un editor rechaza su obra, el sueño indica que, tras las dudas iniciales, su trabajo será aceptado y publicado con éxito. 69, 73, 7.

Avalar—Si en un sueño busca alguien que le avale, se encontrará con problemas que no esperaba y es posible que sufra algún accidente. Si usted avala a alguien tendrá un poco de mala suerte. 29, 87.

Avaro—Desdicha y tristeza provocadas por su propio egoísmo. 10, 32.

Avergonzado—Sus negocios prosperarán. Le espera un enorme éxito. 72, 95, 1.

Avestruz—Amasará una gran fortuna en secreto. Puede verse envuelto en intrigas ilícitas con mujeres. 63, 28.

Avispa—Posibles ataques de sus enemigos. Si le pica una avispa, será víctima de los celos y la envidia. 79, 63.

Avispón—Ruptura entre viejos amigos y pérdidas económicas. 94, 13.

Ayuntamiento—Dificultades y posibles pleitos. En una mujer el sueño anuncia la posible ruptura con su pareja. 59, 3.

Azúcar—Una atmósfera enrarecida que se disipará tras un tiempo. Evite los celos y también las preocupaciones insignificantes. 16, 59.

Azucena—Si ve una azucena, padecerá una gran aflicción a causa de la enfermedad y la muerte. Si crecen en grandes cantidades en un prado verde, el sueño anuncia un matrimonio temprano y el rápido enviudamiento. 6, 68.

Azufre—El sueño significa que perderá muchos amigos y contactos comerciales por sus sucios manejos. Hay peligro de que alguna enfermedad contagiosa o algún contaminante amenace su vecindario. 89, 68.

Azul—Gozará de una enorme prosperidad gracias al esfuerzo de otros. 62, 53.

B

Babuchas (Sandalias)—Firmará un acuerdo poco inteligente que se volverá contra usted si no tiene cuidado. Vigile con las aventuras amorosas secretas. 63, 28.

Bacon (Tocino)—Si lo come, usted y los que le rodean tendrán buena suerte. El tocino rancio denota escasa sensibilidad y un juicio erróneo en sus negocios. 33, 9, 2.

Baile—Alegría y felicidad en general. Si baila en un sueño, tendrá una buena suerte que no esperaba. 25, 37.

Balancín—Si alguien se mece en uno, disfrutará de un gran éxito y felicidad en el hogar, el amor y los negocios. Un balancín vacío augura separaciones y tristeza. 77, 9, 12.

Balcón—Este sueño anuncia la separación de los enamorados. Recibirá malas noticias de sus amigos o parientes. 8, 61.

Balsa—Cambiará el emplazamiento de sus negocios, cosa que resultará beneficiosa. Si va sobre una, realizará viajes inciertos. 29, 71.

Ballena—Ver una, anuncia numerosos problemas y la posible pérdida de propiedad. 18, 65.

Ballet—Infidelidad en el matrimonio, ya sea por su parte o la de su cónyuge. Discusiones entre enamorados. 15, 6.

Banana—El sueño anuncia la mala elección de su pareja. Discusiones en su vida matrimonial y malas decisiones financieras. 24, 6.

Banco (1)—Si no hay nadie en las ventanillas, sufrirá pérdidas económicas. Si el cajero le da dinero, sus negocios prosperarán. Si ve grandes cantidades de dinero en el banco, será rico y próspero. 88, 70.

Banco (2)—Si está sentado en uno, no se fíe ni de sus deudores ni de un amigo íntimo. Si otros están sentados en él, se reencontrará felizmente con amigos de los que se había alejado por malentendidos. 93, 71.

Bandera—La bandera nacional significa victoria si el país está en guerra, y prosperidad si no lo está. Una bandera extranjera significa la ruptura de alianzas entre naciones. 72, 14.

Banjo—Se aproximan buenos tiempos y diversiones. 35, 2.

Banquete—Buen augurio. Sus amigos le ayudarán cuando les necesite. Si participa en un banquete obtendrá grandes beneficios en sus negocios y felicidad y éxito en todos los aspectos de su vida. 21, 9, 1.

Baño—Si el que sueña es joven, está enamorado de alguien no del todo sensible a sus sentimientos. En una mujer embarazada se advierte la posibilidad de un aborto. Un baño caliente significa la presencia de influencias negativas sobre usted. 88, 17, 4.

Bar—Despachar en un bar significa que se comprometerá en un proyecto ilegal para conseguir dinero. 83, 96.

Barba—Tendrá problemas financieros. En una mujer advierte sobre un matrimonio poco acertado. 78, 58.

Barbero—Alcanzará el éxito y la buena fortuna tras mucho trabajo. 7, 41.

Barbilla—Sus asuntos de negocios mejorarán en el futuro. 8, 19.

Barca de remos—Disfrutará de la compañía de buenos amigos si va en una, con tras personas. Si el bote se vuelca, pérdidas en los negocios. 57, 38.

Barco—Honores y distinciones. El naufragio de un barco anuncia un giro desastroso en su situación. Si el barco está en medio de una tormenta tendrá problemas en los negocios. 34, 75.

Barnizar—Conseguirá honores mediante fraudes. 31, 9.

Barquillo—Mal augurio. Anuncia pérdida de dinero y riegos a causa de sus adversarios. 1, 46.

Barra de pan—Escasez. Si se multiplica, saldrá adelante. 22, 43.

Barrer—Placer y felicidad en su vida familiar. 12, 46.

Barriga—Si está hinchada indica la presencia de una enfermedad grave. Una barriga normal alude a deseos malsanos. 68, 88.

Barril—Se enfrentará a desgracias y a una posible ruptura familiar. 9, 57.

Barro—Pérdidas y problemas familiares. Cuídese de falsos amigos. 64, 42.

Basura—Riesgo de escándalos y malos acuerdos comerciales. Para la mujer significa problemas amorosos. 58, 14.

Batalla—Discusiones por conflictos familiares, pero finalmente triunfará. Si en el sueño le derrotan, pagará por los errores de otros. 36, 98.

Bautismo—Llamada a la moderación y a la reserva en sus hábitos. 81, 11, 90.

Bayoneta—Corre peligro de ser derrotado por sus adversarios si no es usted quien sostiene la bayoneta. En este caso, sus posibilidades de triunfo serán mayores, aunque tendrá que enfrentarse a los mismos problemas. 76, 48.

Bebé—Si el bebé está llorando, le esperan la enfermedad y el desengaño. Que el niño esté contento anuncia la vuelta del amor y la compañía de buenos amigos. Si usted mece al niño, le traicionarán y decepcionarán aquellos en quienes más confía. 8, 54, 37.

Beber—Beber agua limpia indica que los placeres sencillos le proporcionarán una enorme felicidad. Beber una bebida alcohólica hasta perder el control indica falta de auto-control y peligro de accidentes. 54, 89.

Béisbol—Será muy popular entre sus amigos gracias a un trato agradable y a su encanto. 31, 97.

Belleza—Alegrías y satisfacciones en sus acuerdos comerciales. Un niño guapo augura una unión feliz. 77, 55.

Bellota—Anuncia éxito y alegría. Pronto nadará en la riqueza y en la abundancia. Comerlas indica su ascenso desde una posición gris a una de alto nivel y renombre. 19, 97.

Beso—Si besa a alguien tendrá honores y riquezas y disfrutará del amor de sus amigos y familiares. 4, 21.

Biblia—Un suceso inesperado le proporcionará felicidad y paz interior. 99, 75.

Biblioteca—Estar en una biblioteca indica que se sentirá decepcionado y descontento con su entorno e intentará estudiar cosas interesantes que aporten interés a su vida. 24, 3.

Bicicleta—Pronto tendrá que tomar una decisión importante. Si conduce cuesta abajo, tenga cuidado con los escándalos y la mala salud. Si va cuesta arriba, pronto se le presentarán buenas oportunidades. 62, 7, 25.

Bichos—Complicaciones en su vida doméstica. Una enfermedad en la familia. 86, 98.

Bigote—Llevar uno es signo de egoísmo y traición. 71, 2.

Billar—Se aproximan dificultades. Le agobiarán las calumnias y los pleitos. 83, 80.

Billetero—Perderlo indica desavenencias con un amigo íntimo. Si encuentra uno lleno de dinero, tendrá buena suerte y satisfará su deseo más preciado. 48, 27.

Blasfemia—Este sueño indica mala suerte y dificultades en todos sus asuntos. 80, 48.

Boa—Mala suerte y clonflictividad en todos los aspectos de su vida. Cuide su salud física y mental y manténgase alerta con sus enemigos en el trabajo. Si en el sueño la mata indica el triunfo sobre el mal. 89, 18.

Bobina—Una bobina de hilo significa que tiene ante usted un camino largo y difícil que culminará en un gran éxito. 17, 16.

Boda—Asistir a una boda indica que el éxito aún tardará en llegar y que tendrá muchas preocupaciones. Ver su propia boda significa que sufrirá muchas penas y que posiblemente muera algún familiar. 65, 47.

Bodega—Dolor y pesar. Cuídese del engaño. Si sus pertenencias están en la bodega, hará una fortuna y sorprenderá así a mucha gente. 11, 79.

Bola—Tiene muchos buenos amigos que le aprecian y respetan. Se aproximan buenos tiempos. 99, 1.

Bolígrafo—Su amor a la aventura podría ocasionarle algunos apuros. 24, 9.

Bolos—Se realizarán sus más profundos deseos. 57, 19, 10.

Bolsa—Tendrá que trabajar duro, pero al fin alcanzará el éxito. 22, 4, 81.

Bolsillo—Maquinaciones contra usted. 67, 83.

Bomba—Su gran vitalidad le facilitará el éxito en los negocios. 38, 44.

Borracho—Problemas financieros y falta de auto-control. 17, 26.

Bosque—Se producirán cambios en su situación; serán favorables si el bosque es verde y desfavorables si está seco o desprovisto de follaje. Un bosque en llamas indica que sus planes se cumplirán exactamente como usted quería. 12, 45.

Bostezo—Desencanto general en su vida. 32, 60.

Botas—Llevar botas indica que tendrá suerte en los negocios. Si las botas están viejas y gastadas, se enfrentará a una enfermedad y a algún tipo de peligro. Si otra persona lleva sus botas, alguien ocupará su lugar en el corazón de la persona a quien ama. 57, 27.

Bote—Si el bote navega sobre aguas tranquilas , alcanzará todos sus objetivos en la vida. Si están agitadas, le amenazan cambios desafortunados. 98, 80.

Bote salvavidas—Escapará a una amenaza maligna. Si se hunde sus propios amigos le causarán pesar. 56, 78.

Botella—Pronto hará una conquista amorosa. La prosperidad y el éxito serán suyos. 37, 91.

Botones—Si están relucientes, el sueño denota el afecto y el respeto de un marido afectuoso y rico. Si son de color mate o viejos, mala salud y pérdidas importantes. Perder un botón anuncia pérdidas en los negocios. 10, 35.

Brandy—Pasará por una satisfactoria aventura amorosa. 21, 62.

Brazalete—El sueño anuncia un matrimonio próximo. 31, 49.

Brazo—Problemas e interferencias de terceros en el matrimonio. Posibles traiciones o engaños de los que le rodean. 16, 8, 90.

Bridas—Se comprometerá en un negocio inseguro que acabará teniendo éxito. 39, 40.

Brincar—Alcanzará lo que desea tras luchar duramente por conseguirlo. 79, 32.

Bronquitis—Tiene usted un panorama desalentador. También predice reveses por una seria enfermedad en la familia. 68, 96.

Bronce—Una estatua de bronce indica que sus esfuerzos por ganar el afecto de la persona a quien ama fracasarán. Si la estatua se mueve, tendrá una aventura con esa persona pero no se casará con ella. Ver bronce es signo de negocios inseguros. 73, 62.

Bruja—Debe tener cuidado en sus negocios y en su vida familiar. 14, 68.

Brújula—Pérdida y decepción si ha perdido el norte. Prosperidad si se usa en un barco. 99, 4.

Bruma—Su futuro es incierto y de desdicha en el hogar. 5, 61.

Buey—Llegará a ser un líder para su comunidad. Posibilidad de un matrimonio en un futuro próximo si el buey está uncido junto a otro. 55, 37.

Bufón—Si está interesado en el matrimonio, pronto tendrá la oportunidad de dar ese paso. 8, 91.

Buitre—Una persona engañosa intenta perjudicarle. Si el buitre está muerto, vencerá a esa persona. 87, 61.

Burdel—Tendrá dificultades por su desenfreno en el aspecto material. 15, 8.

Burro—Si rebuzna, le insultará una persona despreciable. Si usted monta uno, viajará al extranjero y tendrá muchas aventuras. 32, 47.

Cabalgar—El sueño augura enfermedad y dificultades en los negocios. 69, 18.

Caballo—Se incrementará su fortuna y satisfará sus deseos si monta un caballo sano y hermoso. Verlos indica éxito y un alto nivel de vida, así como una gran pasión. 15, 90.

Cabeza—Si ve su propia cabeza, tendrá problemas nerviosos. Si ve las cabezas de otros y son hermosas y bien formadas, conocerá a gente importante e influyente que le será de gran ayuda. Una cabeza cortada anuncia amargas decepciones en su vida. 87, 35.

Cable—Acometerá empresas difíciles que con el tiempo le reportarán una gran riqueza y felicidad. Si recibe uno, pronto tendrá malas noticias. 49, 11.

Cabra—Buen tiempo y una buena cosecha. Si una cabra le ataca, debe tener cuidado con la competencia en los negocios. 16.

Cabrito—Cuidado con los devaneos y flirteos, ya que pueden herir a alguien que le quiere mucho. 58, 62.

Cacería—Luchará por conseguir lo imposible a menos que encuentre y atrape su juego. En caso afirmativo, le esperan placeres. 1, 90.

Cachorro—Se mostrará atento con personas necesitadas y se sentirá feliz por ello. 61, 53.

Cadalso—Si está sobre el cadalso, sufrirá a manos de gente perversa. Si es un amigo quien pasa por ese mal trago, deberá mantener la calma, ya que en breve se producirá una emergencia, pero será capaz de controlarla. 15, 3.

Cadáver—Malas noticias de seres queridos que están lejos. Verlo en un ataúd anuncia problemas. 89, 40.

Cadenas—Pronto echarán cargas injustas sobre sus hombros. Si consigue liberarse de las cadenas, se deshará usted mismo de una obligación desagradable. 13, 47.

Cadenilla—Una bonita casa y un cónyuge cariños. 11, 87.

Caderas—Bien formadas indica que tendrá problemas maritales o dificultades en el amor. Las caderas estrechas presagian enfermedad y desengaños. 13, 4.

Café—Beberlo indica que sus amigos no aprueban sus intenciones matrimoniales. Si ya está casado, habrá discusiones y desacuerdos. Ver un campo de café augura éxito en la resolución de sus problemas. 32, 6.

Caída—Soñar que cae indica luchas que culminarán en posibles victorias. Si le hieren en su caída, sufrirá pérdidas y calamidades. 32, 69.

Caja—Disfrutará mucho viajando. Si la caja está vacía, sufrirá desengaños. Una caja llena de dinero predice un retiro temprano y agradable. 75, 91.

Calabaza—Será testigo de la deshonra de un amigo. 87, 47.

Caldo—Simboliza la sinceridad de los amigos; le ayudarán siempre que puedan. Disfrutará de una aventura amorosa larga y afortunada. Hacer caldo significa que usted controla su propio destino y el de otra persona. 9, 12.

Caleidoscopio—Cambios rápidos y escasas perspectivas de mejorar. 4, 32.

Calendario—Debería organizar sus asuntos con más cuidado, ya que se aproximan muchos cambios inesperados. 71, 34.

Calor—No podrá llevar a cabo sus planes como esperaba. 51, 18.

Calvicie—Si ve a un hombre calvo en su sueño, tendrá problemas con personas poco honestas en sus negocios. Si ve una mujer calva y es usted un hombre, su mujer será quisquillosa; si es usted mujer, dominará a su marido. 10, 97.

Calle—Mala suerte y preocupación por sus planes y esperanzas. Cualquier viaje que empresa no resultará ni tan provechoso ni tan placentero como esperaba. 52, 6.

Callos—Si sueña que tiene callos y le duelen, ha de tener cuidado con rivales que socavan sus intereses disimuladamente. Si se quita los callos heredará una gran fortuna. 57, 20.

Cama—Pronto cambiará de residencia. Si la cama está limpia y aseada, pronto solucionará los problemas que más le agobian. 32, 14.

Camafeo—En breve tendrán lugar sucesos dolorosos para usted o alguien cercano a usted. 62, 49.

Cámara—Tomar fotografías con una cámara indica que un amigo íntimo lo decepcionará. 29, 56.

Camarero—Disfrutará de un entretenimiento agradable gracias a un amigo. 7, 54.

Camarón—Pronto hará un agradable viaje. 44, 72.

Camello—Tendrá la suficiente fuerza y paciencia para superar algunos problemas que se avecinan. Si sueña que tiene un camello, obtendrá riqueza a través de una propiedad minera. 52, 76.

Camioneta—El sueño anuncia un matrimonio desgraciado. Si está estropeada, el sueño denota tristeza y desdicha. Si conduce una cuesta arriba, se producirá una mejora en sus asuntos. 7, 55.

Camisa—Mal augurio, predice la separación de seres queridos y desdicha en general. Si la camisa está sucia, indica enfermedades contagiosas. 58, 90.

Campana—Se enterará de la muerte de amigos que están lejos si las oye tañer. Si ve la Campana de La Libertad, someterá a sus enemigos. 92, 23, 16.

Campaña—Una campaña política denota originalidad en sus ideas y determinación en sus objetivos. También anuncia la victoria sobre sus enemigos. 7, 81.

Campo—Los buenos momentos están al caer. Si el campo está yermo, pasará momentos difíciles. El hambre y la enfermedad pueden estar cerca. 27, 14.

Canal—Si sus aguas están turbias, el sueño anuncia molestias y problemas estomacales. Si las aguas son limpias y puras, tendrá una vida feliz y tranquila. 36, 83.

Canario—Oír su canto anuncia placeres inesperados. Si es joven y sueña que tiene un canario, obtendrá honores académicos y hará carrera literaria. Que el canario muera, es un indicio de la futura deslealtad de amigos íntimos. 18, 73.

Cáncer—Si la enfermedad se cura en el sueño, pasará de la pobreza a la riqueza. Si no se cura, el sueño anuncia la enfermedad de alguien cercano y disputas con sus seres queridos. 63, 40.

Cangrejos—Complicaciones en sus asuntos. También un noviazgo largo y difícil para los enamorados. 2, 22.

Canguro—Ver uno significa que vencerá a un enemigo que está tratando de destruirle. 43, 28.

Canoa—Si navega en ellas sobre aguas tranquilas, tendrá la suficiente confianza en sí mismo para triunfar en los negocios. Si le acompaña su enamorado, pronto se casará y su matrimonio será feliz. Si las aguas son turbias y está agitadas, tendrá problemas difíciles de superar. 54, 47.

Cantar—Buenas noticias de alguien que está lejos y la compañía de amigos alegres. 37, 84.

Cantera—Si hay hombres trabajando en ella, se abrirá paso en la vida con esfuerzo y mucho trabajo. Desengaños y tristeza si la mina está vacía. 17, 69.

Caña—Si la ve crecer, le resultará muy fácil hacer una fortuna. 42, 61.

Cañón—Una invasión y quizás una declaración de guerra amenazan su hogar y su país. En general, el sueño anuncia luchas y fracasos. 82, 60.

Capitán—Ver a un capitán en un sueño indica que realizará sus más nobles aspiraciones. Si es una mujer quien sueña será víctima de la envidia y la rivalidad. 72, 49.

Capucha—Llevar una capucha significa que se comportará de un modo indecoroso. 8, 69.

Cara—Ver caras felices en un sueño anuncia buenas noticia y felicidad para sus seres queridos. Si están tristes o son feas, discusiones de enamorados y otras dificultades. 55, 78.

Caracol—Entorno insalubre. 18, 45.

Carámbanos—La tristeza y las desgracias pronto desaparecerán de su vida. 16, 63.

Caramelo—Si usted mismo los hace indica que saca grandes beneficios de pequeños negocios. Los caramelos vistosos y deliciosos aluden a placeres sociales y galanteos. Si son amargos, anuncia enfermedad y problema con sus amistades. 95, 39.

Carbón vegetal—Si no está encendido, le esperan la tristeza y la desdicha. Si lo está, en un futuro cercano llegará mucho más lejos de lo que hubiere soñado nunca. 99, 7.

Cárcel—Se le pedirá que conceda privilegios a gente que usted considera indignos de ellos. Utilice su buen juicio. 26, 56.

Carnaval—Pronto participará en algún pasatiempo inusual. Si las máscaras están gastadas, habrá discusiones en su hogar y su amor no será correspondido. 78,61.

Carne—Simboliza la preocupación y el desánimo en su carrera. Si la carne está cocinada, otros conseguirán lo que usted desea. 5, 19.

Carne de ternera—Posibles accidentes, magulladuras y arañazos. Si la carne tiene sangre o está cruda, se advierte la posible aparición de un tumor canceroso; si está cocinada, aflicción y tristeza, y quizás una muerte a causa de algún trágico suceso. Si la carne es bien servida y en una compañía agradable, estos malos augurios quedan neutralizados y el sueño denota armonía en el amor y en los negocios. 77, 88.

Carnero—Le esperan problemas y mala suerte. 15, 6.

Carnicero—Es posible que un familiar padezca una enfermedad larga y fatal. Vigile lo que escribe en cartas y documentos, ya que pueden utilizarlo contra usted. 26, 30.

Carpintero—Su oficio será honesto y humilde. Con el tiempo conseguirá reunir una pequeña fortuna. 33, 40.

Carrera—Otros quieren lo mismo que usted. Si gana la carrera, usted lo conseguirá y ellos no. Si pierde, sucederá el caso contrario. 46, 57.

Carretera—Una carretera desconocida y en mal estado indica que sus nuevas empresas le causarán importantes pérdidas. Si es uniforme y hay vegetación a sus lados, pronto habrá felicidad y buena suerte en su vida. Si camina junto a un amigo, el sueño anuncia una buena compañía, un hogar feliz y un cónyuge adecuado en su vida. 55, 17.

Carruaje—Hará muchas visitas. Si es usted quien lo lleva, estará enfermo por un tiempo, pero la enfermedad no será grave. 98, 10.

Carta—Si sueña que recibe una carta agradable, pronto se llevará una gran alegría. Si recibe malas noticias, tendrá problemas y posiblemente una enfermedad que superar. 72, 34.

Cartas—Si juega a cartas en un sueño y no lo hace por dinero, se cumplirán sus esperanzas. Si juega por dinero, atravesará serios problemas financieros. 65, 42.

Cartera—Responsabilidades gratificantes que le harán disfrutar. 10, 53.

Carterista—Alguien le acosará y le incordiará, causándole pérdidas. 28, 16.

Cartero—Es posible que reciba noticias desagradables. 33, 7.

Cartucho—Discusiones y desacuerdos. Un destino poco común le está reservado a usted o a alguien cercano a usted. 38, 58.

Casa—Una casa nueva anuncia un cambio de residencia y acuerdos comerciales beneficiosos. Si la casa es vieja y está deteriorada, sufrirá pérdidas en los negocios y mala salud. 65, 38.

Casa de empeños—Entrar en una casa denota pérdidas y desengaños. Desempeñar algo indica que recuperará su posición perdida. 76, 22.

Cascabel—Una feliz vida familiar y éxito en todos sus asuntos. 83, 45.

Cascada—Se realizarán sus deseos más profundos. 51, 70.

Castañas—Pérdidas en los negocios, pero también un compañero agradable en su vida. Comercial significa que desaparecerán sus problemas. 31, 62.

Castillo—Si está en un castillo, será tan rico que podrá satisfacer todos sus deseos. Viajará mucho y conocerá gente de muchos países. 6, 50.

Catedral—Deseará lo inalcanzable. Si entra en una catedral, conseguirá cosas importantes y disfrutará de la compañía de amigos sabios y leales. 88, 1.

Caucho—Si lleva ropa de caucho, indica que conseguirá honores con su integridad y su honestidad. Ver objetos de caucho indica que tiene asuntos comerciales secretos y una vida privada reservada. 14, 8.

Cautivo—Si es usted quien está cautivo, deberá soportar la traición,. Si usted captura a alguien, se asociará con gente de escaso calibre moral. 38, 58.

Cavar—Nunca le faltará nada, pero su vida será una continua lucha. 15, 32.

Cebolla—Envidia hacia usted por su éxito. Comerla indica éxito en todas sus tentativas. 31, 67.

Cebra—Le interesa empresas que no le ofrecen garantías para futuro. 3, 48.

Céfiro—Sacrificará mucho en la búsqueda de su verdadero amor y será ampliamente recompensado. 86, 93.

Cejas—Se le presentarán obstáculos en un futuro próximo. 1, 34.

Celda—Sería mejor que se retirase una temporada, necesita tiempo para tomar una importante decisión. 8, 44.

Celos—Preocupaciones y riñas entre los enamorados o entre marido y mujer. Cuídese también de la influencia de sus enemigos. 23, 90.

Cementerio—Alguien se recupera de una enfermedad muy grave. Si el cementerio está viejo y descuidado, sus seres queridos le abandonarán. En una novia el sueño augura su futura viudez. 80, 31.

Cena—Si cena solo, pensará las cosas antes de actuar. Si cena con su pareja discutirán y romperán. 72, 45.

Cenit—Una gran prosperidad y también un cónyuge rico y agradable. 7, 59.

Cenizas—Éste sueño anuncia desdicha y muchos cambios poco afortunados en su vida, especialmente en el aspecto amoroso. También augura tristeza a través de sus hijos. 35, 5, 16.

Cepillo—Si lo utiliza, sufrirá por la mala gestión de sus intereses. Un cepillo viejo denota enfermedad y mala salud. Ver muchos cepillos significa que tendrá varios trabajos gratificantes en el aspecto económico. 91, 32.

Cerdo—Un cerdo gordo y sano anuncia un merecido éxito en los negocios. 38, 64.

Cerebro—Si ve los sesos d un animal probablemente sufrirá de agotamiento mental. Ver el propio cerebro denota un sentimiento de infelicidad con su entorno,. Si come sesos adquirirá conocimiento y sacará provecho de él. 43, 27.

Cerezas—Será popular por su buena voluntad y amabilidad por los demás. Si las come, conseguirá un objeto que deseaba fervientemente. 63, 51.

Cerillas—Prosperidad y cambios en el momento más inesperado. 54, 39.

Cero—No se deje inquietar por los problemas pequeños. 27, 64.

Cerrojo—Confusión y dudas. En el amor, significa que encontrará la manera de vencer a un rival. Si no puede abrirlo sufrirá grandes pérdidas y pesar. 91, 65.

Cerveza—Si bebe cerveza en un bar, sufrirá muchos desengaños. Si son otros los que la beben, sus enemigos están planeando su caída. 62, 18.

Césped—Prosperarán todos sus asuntos. 12, 56.

Cesta—Si ve o lleva una cesta llena, le espera un gran éxito. En cambio, una cesta vacía anuncia muchas dificultades. 66, 70.

Cetro—Sostener un cetro significa que le elegirán para ocupar puestos de responsabilidad y meritorios y los ostentará de un modo honorable. Si otros lo sostienen, trabajará bajo el mando de otras personas. 29, 46.

Ciego—Si está ciego, significa que está desaprovechando buenas oportunidades en los negocios porque se forman juicio erróneos; también significa que alguien se está aprovechando de su buena voluntad. Si otra persona está ciega en el sueño, alguien se acercará a usted en busca de consejo. 12, 54.

Cielo (1)—Honores y amigos distinguidos. Un cielo despejado anuncia muchos viajes agradables e innumerables placeres. Si está nublado o gris, no se cumplirá sus esperanzas. 51, 89.

Cielo (2)—Si asciende al cielo en un sueño, su alegría se transformará en tristeza. Si una persona joven sube por una escalera, alcanzará una posición prominente en la vida. 13, 10.

Ciervo—Le ayudarán buenos amigos. Matar a uno significa que está rodeado de gente poco amistosa. Cazar un ciervo indica pérdidas en los negocios. 70, 34.

Cigarra—Discrepancias en asuntos de negocios que le causarán muchas preocupaciones. 74, 56.

Cigarro—Pronto tendrá que hacer nuevos planes. Todos sus deseos se realizarán y será muy feliz en el futuro. 3, 41.

Cintura—Buena suerte. 17, 39.

Cinturón—Pronto conocerá a alguien que le causará muchos problemas. 74, 18.

Cinturón de seguridad—Va sobre seguro en los negocios y el amor. 83, 71.

Circo—Será muy feliz en el futuro. 6, 30.

Círculo—No llegará tan lejos como esperaba en los negocios o en su profesión. 77, 49.

Ciruelas—Las ciruelas maduras anuncias felices acontecimientos en su vida. Si las recoge sus deseos se convertirán en realidad, pero resultarán efímeros. 78, 14.

Cirujano—Enemigos relacionados con los negocios. En una mujer anuncia una seria enfermedad. 73, 49.

Cisne—Si se desliza sobre aguas plácidas, gozará de felicidad y muchos placeres. Un cisne muerto augura insatisfacción en el amor y en la vida en general. 13, 99.

Cisterna—Se cierne sobre usted la amenaza de una enfermedad repentina de difícil diagnóstico. Si está vacía, en su vida se producirán cambios para peor. 33, 76.

Ciudad—Si sueña con una ciudad desconocida, cambiará su estilo de vida y quizás su residencia. 6, 53.

Clarividencia—Soñar que es clarividente anuncia cambios en su ocupación actual. Si visita a uno, los juicios erróneos en sus negocios podrían salirle muy caros. 18, 62.

Clavos—Mucho trabajo y escasas satisfacciones. Enfermedad y pérdida en los negocios si están oxidados. 64, 82.

Cobertizo—Mala salud e insatisfacción por el rumbo que toman sus asuntos. 87, 14.

Cobre—Se sentirá oprimido por lo que ocupan una posición superior. 88, 61.

Cocción—Es un mal augurio para las mujeres. El sueño anuncia un embarazo probablemente no deseado. Pobreza y mala suerte. 2, 40.

Cocina—Deberá hacer frente a emergencias y sucesos desagradables. 14, 72.

Cocinar—Si prepara una comida en un sueño, le encomendarán una tarea agradable. Si utiliza el horno, perderá un buen amigo por su disparidad de pareceres. 37, 12.

Coco—Sus expectativas están mal enfocadas. Si el coco está seco, se enterará de la muerte de alguien cercano a usted. 17, 67.

Cocodrilo—Tenga cuidado con posibles enemigos y vigile su salud en general y su integridad física. Si el cocodrilo le ataca y le vence, tendrá que enfrentarse a seres problema. Si vence usted, superará todas la dificultades.

Cóctel—Indica que lleva una vida licenciosa y advierte del peligro de desaprobación moral. 58, 15.

Coche fúnebre—Peleas en casa y fracaso en los negocios. Si el coche se cruza en su camino, se enfrentará a un peligroso adversario. 13, 46.

Codo—Tendrá que trabajar duro y su esfuerzo no se verá recompensado. Buenas perspectivas matrimoniales para una mujer. 9, 74.

Codorniz—Llegarán malas noticias. 14, 78.

Cohete—Ver uno elevarse hacia el cielo anuncia un ascenso en su posición y el afecto de la persona a quien quiere. Si el cohete cae, será desgraciado en el amor y en el matrimonio. 86, 34.

Cojín—Si se reclina sobre cojines de seda, disfrutará de comodidades a expensas de otros. Verlos indica que será afortunado en los negocios y el amor. 5, 57.

Cojo—Sus deseos no se cumplirán. 25, 97.

Col—Muchos desórdenes en su vida,. Si es verde, será desgraciado en el amor y habrá infidelidad en su matrimonio. 58, 24.

Cola—Ver la cola de un animal anuncia molestias allá donde se esperaban placeres. 17, 62.

Colcha—Una situación económica de estabilidad asegura su futuro. 16, 48.

Colchón—Le aguardan nuevos deberes y responsabilidades. 63, 27.

Cólera—Le esperan duras pruebas. Sufrirá un desengaño amoroso y es posible que le ataquen sus adversarios. Si otros están enojados con usted y consigue mantener la compostura, superará los problemas. 16, 41, 44.

Colina—Escalar una indica que los honores y las distinciones ya están en camino. Caer de ella significa que tendrá que soportar la envidia y los celos. 48, 60.

Colisión—Tendrá una accidente grave o problemas de negocios. En una mujer denota la incapacidad de decidirse entre dos hombres, cosa que tendrá consecuencias desagradables 11, 7.

Collar—Si lleva uno obtendrá honores de los que no es del todo digno. El sueño augura numerosos admiradores para la mujer, aunque ninguno duradero. 75, 43.

Comer—Si come solo deberá afrontar pérdidas y tristeza. Comer acompañado indica ganancias y buena suerte que compartirá con los demás. 23, 51.

Cometa (1)—Ver un cometa indica que se le presentarán problemas que no esperaba, pero que lo superará. 13, 70.

Cometa (2)—Hacer volar una cometa significa que presumirá ante sus amigos sin razón. Decepciones en los negocios si la cometa cae al suelo. 6, 38.

Comida—Tendrá problemas de salud que serán difíciles de identificar. 66, 31.

Compromiso—Conocerá a persona deshonestas e insinceras. Vigile a quien cuenta sus problemas. 87, 52.

Concierto—Éxito en los negocios y en el amor. 66, 83.

Conducir—El sueño significa que usted controla su propia vida y triunfará si es usted quien conduce. Si otra persona conduce es ella quien dirige su vida. 79, 62.

Conejo—Beneficios en los negocios, felicidad en el amor y en la vida familiar si está casado. 77, 3.

Confeti—Si el confeti no lo deja ver, sufrirá muchas pérdidas por su costumbre de aplazar decisiones importantes para divertirse. 22, 8.

Consejo—Recibir consejo denota una mejora en su visión de la vida y en su situación en general. Darlo es señal de que mucha gente le respeta y le admira.

Conspiración—Si es usted el objeto de la conspiración, cometerá errores en sus negocios que le saldrán muy caros. 84, 2.

Convento—Estar resguardado en un convento indica que su carácter previsor le evitará problemas. Si se encuentra con un cura, también encontrará desdicha en la vida real. 46, 17.

Conversación—Se aproxima un largo período de lluvias inesperadas. 66, 5.

Convicto—Calamidades y malas noticias. Verse a uno mismo como un convicto, anuncia preocupación por problemas personales. 73, 26.

Copa—Recibirá favores de extraños. 66, 51.

Coral—La verdadera amistad será un consuelo en su vida. El coral blanco predice infidelidad en el amor. 58, 25.

Corazón—Si le duele o le molesta el corazón tendrá pérdida en los negocios. Enfermedad y falta de energía si ve uno. 68, 52.

Corcho—Prosperidad y buena suerte si pone el corcho a una botella. El corcho de un medicamento indica enfermedades y dificultades. 91, 28.

Cordero—Buenas amistades y placeres sencillos. Un cordero muerto o sacrificado anuncia desgracias y pérdidas importantes. 75, 36.

Corneta—Recibirá ayuda de extraños si la ve o la oye. 45, 62.

Coro—Un entorno agradable sustituirá su descontento actual. Cantar en un coro simboliza la desdicha por la infidelidad de su pareja. 12, 9.

Corona—Deberá afrontar nuevos cambios en su vida y viajará lejos de su hogar. Llevar una es signo de pérdida de propiedad personal. 88, 5.

Coronación—Se relacionará con gente importante. 77, 27.

Correa—Desavenencias en sus negocios y en asuntos personales. Es probable que tenga problemas amorosos. 50, 49.

Correo—Recibirá muy buenas noticias. 87, 67.

Correr—Conseguirá riquezas y una posición importante. Si tropieza o cae sufrirá pérdidas, tanto en los negocios como en lo referente a su reputación. 65, 93.

Corsé—Discutirá con sus amigos por tonterías. 12, 4.

Corte—Indica enfermedad. Un amigo traicionero intentará herirle. 17, 67.

Cortina—Las visitas no bien recibidas le causarán problemas. 9, 20.

Cosecha—Están en camino la prosperidad y los placeres, especialmente si la cosecha es abundante. 79, 63.

Coser—Estará rodeado de paz doméstica y armonía. 22, 93.

Costilla—Mal augurio que predice pobreza. 76, 43.

Costurero—Sucesos inesperados impedirán que haga una visita que tenía pensada hacia tiempo. 37, 58.

Cotilleos—Humillaciones y problemas por causa de amigos falsos. 43, 97.

Crema—Se relacionará con personas ricas. En un granjero anuncia una buena cosecha y un buen ambiente familiar. Beberla anuncia buena suerte. 33, 13.

Criminal—Asociarse con uno indica que gente sin escrúpulos le molestará e intentará utilizarle. Ver a uno, significa que debería tener cuidado si conoce secretos de otras personas, ya que podrían decidir que quieren asegurar su silencio. 88, 38.

Cristal (piedra preciosa)—Depresiones y conflictividad en los negocios y el amor. 77, 59.

Cristal—Mirar a través de un cristal indica amargos desengaños. Romper uno o un espejo presagia una muerte accidental. Romper platos de cristal o ventanas significa que sus negocios fracasarán. 79, 65.

Cristo—Verlo de niño augura días felices, llenos de riqueza y alegría. Si lo ve triste, añorará a seres queridos que están lejos y sufrirá por sucesos desagradables. 4, 71.

Crucifixión—Oportunidades desaprovechadas y falsas esperanzas. 12, 90.

Cruz—Tendrá problemas. Vigile sus negocios. 9, 70.

Cuadra—Tendrá buena suerte. 12, 77.

Cuadro—Cuídese del engaño y la mala voluntad de los que le rodean. 18, 77.

Cuarentena—Quedará en una mala posición a causa de las maquinaciones de sus adversarios. 82, 48.

Cuarto (1/4)—Acuerdos comerciales poco acertados. 24, 50.

Cubo—Un cubo vacío simboliza hambre y malas cosechas. Un cubo lleno de leche señala buenas perspectivas y también que tiene buenos amigos. 65, 29.

Cuchara—Progreso en sus negocios y una feliz vida familiar. Si la cuchara está sucia o rota, tenga cuidado con posibles pérdidas y decepciones. 27, 8.

Cuchillo—Indica peleas y separaciones, así como pérdidas en los negocios. 98, 56.

Cuello—Ruptura de relaciones y separaciones. 24, 5.

Cuentas de un collar—Gentes de las altas esferas le obsequiará con su amistad. Si cuenta las perlas gozará de felicidad y buena suerte. 28, 60.

Cuerno—Si escucha el sonido de uno, pronto recibirá noticias que le colmarán de alegría. Si usted sopla un cuerno, está mas ansioso por casarse que su pareja. 7, 78.

Cuero—Exito en los negocios y en el amor. Especulaciones acertadas y una enorme felicidad y fortuna en todos los aspectos de su vida. 55, 9.

Cuervo—Ver uno anuncia mala fortuna,. Oírlo graznar indica que aceptará malos consejos y perderá negocios valiosos. 11, 57.

Cueva—Las dudas le confundirán y enturbiarán su capacidad de decisión. Su trabajo y salud física están en peligro. Si entra en una cueva, se producirán cambios inesperados en su vida. Probablemente se verá separado de sus seres queridos y tendrá problemas para reencontrarlos. 66, 3.

Cumpleaños—El sueño es un presagio de pobreza y mala suerte, tanto para jóvenes como para mayores. 58, 80.

Cumplido—Pronto tendrá que enfrentarse a una discusión familiar. 2, 49.

Cuna—Si hay un bebé en ella, prosperidad y buena fortuna. Si está meciendo a su hijo, alguien de su familia padecerá una grave enfermedad. 54, 61.

Cuñada—Discusiones familiares. 33, 98.

Cuñado—Significa que sus familiares se aprovechan de usted. 45, 67.

Cupido—Espere buenas noticias. 72, 18.

Curandero—Está preocupado por el tratamiento de una enfermedad. 17, 45.

Champan—Desilusiones en el plano amoroso. 6, 52.

Champú—Si se enjabona el pelo, pronto estará libre de algunos problemas y preocupaciones que ahora no parece seguro que puedan resolverse. Ver mucha espuma, advierte contra ilusiones vanas. 78, 52.

Charco—Acontecimientos turbadores que a la larga resultarán beneficiosos. 25, 43.

Charlar—Preocupación por la enfermedad de un pariente o por sus negocios. 72, 69.

Chaqueta—Una chaqueta nueva anuncia honores literarios. Si la pierde, tendrá que hacer su fortuna después de perderla por su mala administración. Una chaqueta vieja y gastada anuncia la pérdida de un amigo. 8, 27.

Chaquete—Sus amigos le darán la espalda aunque no por algo que usted haya hecho. El sueño denota aflicción y conflictos. 88, 6, 49.

Cheque—Recibir un cheque significa que recibirá algún dinero o una herencia. Extender un cheque anuncia depresión y pérdidas en los negocios. 8, 62.

Chica—Una chica bonita augura una vida familiar feliz y buenas perspectivas en los negocios. Si va desaliñada o está triste, alguien de su familia padecerá una enfermedad grave. 88, 31.

Chico—Una incorporación afortunada en la familia. 1, 90.

Chimenea—Un desagradable incidente amenaza su felicidad. Tendrá buena suerte si el fuego está encendido. 9, 77.

Chimpancé—Traición y engaño inminentes. 18, 66.

Chiste—Debe intentar disfrutar de la vida todo lo posible. 71, 60.

Chocolate—Será generoso con las personas que dependen de usted. Verlo significa que disfrutará de compañías agradables y de diversiones. Beberlo indica prosperidad tras los tiempos difíciles. 34, 26.

Choza—Alguien trama algo contra usted. Puede verse envuelto en un juicio costoso. 30, 73.

Dados—Especulaciones poco acertadas, seguidas de pobreza y desesperación. El sueño también anuncia la llegada de una epidemia. 86, 20, 6.

Daga—Tiene enemigos poderosos. Si abate a alguien que intenta atacarle con una daga, vencerá a un adversario. 17, 20.

Damas—Si juega a las damas, tendrán serios problemas e influirán en su vida extraños. Si gana, saldrá con éxito de un negocio dudoso. 17, 4.

Dátiles—Si aún están en el árbol, prosperidad y enlaces afortunados. Comerlos anuncia la llegada de tiempos difíciles. 37, 87.

Dedal—Tendrá a su cargo muchas personas. Si lo pierde, la pobreza y la aflicción lo acechan. 87, 63.

Dedos—Si están sucios y magullados, tendrá muchas preocupaciones y sufrimientos. Unos dedos bonitos indica que su amor será correspondido y que será muy feliz. 31, 71.

Delantal—Le esperan muchos placeres. También buenas noticias. En una mujer anuncia su próximo matrimonio. 4, 26.

Demencia—Se avecinan problemas desagradables y mala salud. Vigile su salud y hábitos alimenticios. 66, 46.

Dentista—Tendrá motivos para dudar de un supuesto amigo si lo ve arreglando sus dientes. Si usted arregla la boca de otra persona, se verá sorprendido por chismes desagradables. 41, 17.

Desayuno—Verlo anuncia noticias prontas y favorables. Comérselo significa que pronto caerá en una trampa. 23, 47.

Descalzo—Sus esperanzas quedarán reducidas a nada y tendrá que superar muchas dificultades. 20, 66.

Desfile—Asegúrese de la fidelidad y el amor de su pareja. 55, 14.

Desierto—Soñar que camina solo por un desierto denota pobreza y conflictos raciales. Existe el riesgo de que pierda sus propiedades o su vida. 2, 76.

Deslizarse—Desengaño en el amor y en los negocios. 61, 23.

Desmayo—Algún enfermo en la familia y malas noticias. También indica que debería cuidar su salud y mejorar su estilo de vida. 2, 76.

Desnudo—Escándalos y compromisos insensatos si se ve desnudo. Si son otros los desnudos, se sentirá tentado de abandonar sus obligaciones. Cuídese de los falsos amigos. 88, 54.

Despacho—Pronto podrá disfrutar de una buena suerte que no esperaba. 23, 11, 32.

Despedida—Despedirse de la gente próxima a usted significa que pronto tendrá que soportar pequeños disgustos. Si se despide de sus enemigos, se producirán mejoras en su vida amorosa y en los negocios. 29, 78.

Despierto—Si sueña que está despierto, pasará por experiencias inusuales que le harán sentir triste y deprimido.

Desvestirse—Desvestirse en un sueño significa que hablarán mal de usted a sus espaldas. 61, 20.

Detective—Se aproximan fortuna y amor. En una mujer, el sueño augura problemas. 58, 29.

Deuda—Preocupaciones en los negocios y en el amor. 15, 29.

Día—Mejoras en su vida personal. Un día nublado anuncia pérdidas en los negocios. 56, 46.

Diablo—Para un granjero significa pobreza y la muerte de su ganado. Para los demás, es una advertencia contra alguien sin escrúpulos que intenta hacerle violar la ley con la promesa de conseguir mucho dinero. 77, 15.

Diamante—Este sueño es un buen augurio y presagia honores y riqueza. 12, 33.

Diana—Sus obligaciones le impedirán disfrutar y sentir alegría. Alerta: intentarán engañarle. 91, 52.

Diccionario—El sueño denota una excesiva dependencia de la opinión ajena. Debería tomar más decisiones por sí mismo. 80, 42.

Diente de león—Enlaces afortunados y prosperidad. 79, 17.

Dientes—Anuncian la enfermedad y la presencia de gente desagradable. Muerte y pesar si se le caen los dientes. 13, 98.

Dimisión—Dimitir de un cargo significa que emprenderá nuevas empresas que fracasarán. Si otros dimiten, le llegarán malas noticias. 27, 56.

Dinamita—Se producirán muchos cambios en su vida. 11, 46.

Dinero—Preocupaciones insignificantes seguidas de una gran felicidad. Numerosos cambios acertados en su vida. Pérdida si el dinero se le escapa de las manos. 82, 46.

Dinero en efectivo—Tomar dinero prestado es un aviso para que controle sus gatos, ya que de lo contrario se encontrará en un aprieto económico. Si es usted quien presta el dinero, siempre disfrutará de una buena situación económica estable. 7, 40.

Dios—Verlo indica la necesidad de desarrollar su potencial al máximo para que pueda fundirse con la divinidad en su interior. Ha llegado el momento de reunificar sus fuerzas dispersas y conquistar sus instintos físicos y ponerlos a su servicio. 1, 99, 26.

Discos—Es posible que muera alguien de su familia. 76, 43.

Disculpa—Alguien con quien discutió reaparecerá en su vida. 78, 52.

Discutir—Su vida será larga y tendrá un gran éxito en los negocios. 37, 65.

Disparar—Desdicha en el amor o en el matrimonio. 17, 43.

Disturbios—Sufrirá desengaños. Es posible que muera un amigo. 88, 2.

Diversiones—Estar en un lugar de recreo alude a placeres ilícitos y a la infidelidad de su pareja. El sueño también señala la presencia de falsos amigos y de peligros mientras viaja. 8, 48, 58.

Divorciarse—El sueño es un aviso: su matrimonio no va demasiado bien. Si es soltero ruptura inminente con su pareja. 65, 73.

Doctor—Conocer a un doctor en el plano social augura buena salud y prosperidad. Si usted consulta a uno, usted o alguien cercano a usted padecerá una grave enfermedad. 21, 74.

Dolor—Es posible que alguien se esté aprovechando de sus ideas. El sueño también puede predecir angustia por la inconsistencia de su pareja. 6, 62.

Dominó—Si pierde, un amigo le insultará. Si gana, gente de clase baja, le admirará. 52, 63.

Dormitorio—Viajará al extranjero y disfrutará de la compañía de buenos amigos. 55, 3.

Dragón—Se deja arrastrar por sus pasiones. Debe intentar dominar su temperamento y su naturaleza violenta. 78, 63.

Drogas—Se verá acosado por las murmuraciones y la envidia. Cuídese de falsos amigos. 73, 48.

Ducha—Estar en una, denota su apego a los placeres refinados. Posee una mente ingeniosa y talento creativo. 24, 7.

Duendecillo—Intente alejarse de los placeres vacíos, ya que pueden destruir su vida. 78.

Ébano—Muchas discusiones angustiosas en su hogar. 12, 30.

Eclipse—Problemas pasajeros en sus negocios y discusiones familiares, si el eclipse es de sol. Si es de luna, existe el riesgo de que sufra una enfermedad contagiosa o de muerte. 48, 37.

Eco—Le esperan momentos difíciles. Procure no precipitarse al tomar decisiones, sobre todo en cosas importantes. 34, 79.

Edificio—Si ve un edificio interesante, disfrutará de una vida larga y fructífera, con muchos viajes y placeres. Si el edificio está derruido, ha de cuidar su salud y es posible que sufra pérdida en el amor y en los negocios.

Ejecución—Sufrirá reveses por el descuido de otros. El aplazamiento de una ejecución indica que superará todas las dificultades y alcanzará la felicidad y el éxito. 14, 62.

Electricidad—Se producirán cambios repentinos en su entorno y no serán para mejor. Si sufre una descarga eléctrica, su vida puede estar en peligro. 61, 1.

Elefante—Dispondrá de una sólida fortuna y de honores. Solo usted dominará sus negocios y su vida familiar. 77, 18.

Embajador—Este sueño le anuncia malas noticias y desdichas. 63, 65, 72.

Embarazo—Si una mujer se ve embarazada, no será feliz en su matrimonio. Si está embarazada, tendrá un buen parto. 26, 1.

Emboscada—El peligro está más cerca de lo que imagina. Tenga cuidado cuando camine por la calle y cuando viaje. 98, 38.

Emperador—Conocer a uno anuncia largos viajes que no resultarán ni agradables ni provechosos. 38, 61.

Emperatriz—Recibirá grandes honores, pero su orgullo le hará impopular. 43, 82.

Empleo—Usted es una persona muy enérgica y le gusta trabajar. Si sueña con un contratista, pronto cambiará su línea habitual de trabajo. 96, 30.

Empresario—Le llegarán noticias sobre una boda. 77, 57.

Enano—Tendrá problemas en su hogar que no esperaba y le costará superarlos. 33, 2.

Enciclopedia—Su intento de alcanzar la fama literaria le costará su bienestar y prosperidad. 5, 91.

Enemigo—Dominar a sus enemigos, significa que superará los problemas que surjan en sus negocios y disfrutará de riqueza y prosperidad. En caso contrario, le esperan problemas y mala suerte. 95, 20.

Enfermera—Necesitará ayuda para resolver un problema opresivo. 74, 56.

Enfermedad—Tenga cuidado de no tomar una decisión errónea en este momento. 17, 39.

Enfermedad infecciosa—Sufrirá una corta enfermedad. Es posible que cruce palabras desagradables con un pariente. 12, 59.

Enigma—Confusión e insatisfacción. 44, 8.

Ensalada—Comerla, anuncia enfermedad y la presencia de gente desagradable a su alrededor. 76, 5.

Enterrado vivo—Pronto cometerá un grave error que sus enemigos utilizarán contra usted. Si le rescatan, saldrá del apuro. 64, 47.

Entierro—Si el sol brilla durante el entierro, pronto habrá una boda y usted y sus parientes cercanos disfrutarán de buena salud. Si llueve, lo que recibirá, serán malas noticias y alguien caerá enfermo. 58, 50.

Entrañas—Ver entrañas humanas anuncia desdicha. Las de un animal anuncian victoria sobre un enemigo encarnizado. 9, 17.

Envidia—Hará muchos amigos gracias a su cordialidad y a su preocupación por los demás. Si otros le envidian, le incomodará el celo excesivo de amigos o parientes. 8, 67.

Epidemia—Agotamiento psíquico y preocupaciones a causa de un trabajo desagradable. Posibilidad de enfermedades contagiosas. 41, 30.

Equipaje—Este sueño le anuncia deberes y obligaciones desagradables. Si lo carga usted, pasará por grandes problemas y penalidades en su vida. 27, 49.

Ermitaño—La tristeza y la soledad se cruzarán pronto en su vida por la deslealtad de sus amigos. 6. 17.

Error—Mucha alegría y felicidad. 17, 7.

Escabeche—Está malgastando sus energías en una búsqueda condenada al fracaso. 13, 8.

Escala—Alcanzará la prosperidad por su buen hacer en los negocios. 28, 64.

Escalar—Conseguirá muchos honores y distinciones. 41, 35.

Escalera de mano—Sus esperanzas se cumplirán si sube a una. 57, 78.

Escaleras—Buena suerte, felicidad y honores si las ve o sube por ellas. Si cae o baja por ellas, será desgraciado en el amor y en general y también será víctima de la envidia y el odio. 25, 74.

Escalones—Si los sube, el honor y la prosperidad desplazarán su ansiedad actual. Bajarlos anuncia problemas de negocios. 14, 58.

Escándalo—Protagonizar un escándalo, significa que debería tener más cuidado al escoger sus amistades, ya que podrían causarle problemas. 15, 68.

Escapar—Triunfará en la vida, gracias a su esfuerzo y determinación. Si intenta escapar y no lo consigue, sufrirá algún revés por culpa de personas poco honestas. 22, 49.

Escarabajo—Tendrá mala suerte, pero con el tiempo pasará e incluso disfrutará de un cierto éxito financiero. 10, 72.

Escoba—Hará rápidos progresos en su camino en pos del éxito. 2, 45.

Escorpión—Cuídese de falsos amigos y de enemigos que intentan aprovecharse de usted. 17, 58.

Escribir—Escribir en un sueño significa que cometerá un error que le costará muy caro. Que otros escriban anuncia un posible pleito contra usted. 59, 32.

Escritura—Vigile lo que dice en público porque personas mal intencionadas podrán utilizarlo contra usted. 59, 32.

Escuela—Verse asistiendo a la escuela indica futuros honores literarios. Enseñar en una, significa que aspirará a esos honores, pero primero tendrá que trabajar para sobrevivir. 16, 3.

Escuela secundaria—Alta posición en asuntos sociales y mercantiles y buena suerte en el amor. 55, 19.

Escultor—Cambiará su trabajo por uno menos lucrativo pero más distinguido. 58, 69.

Escupir—Desacuerdos y desenlaces desfavorables en empresas prometedoras. 97, 61.

Esmeralda—Heredará una propiedad que le traerá problemas con otras personas. Comprar una, anuncia acuerdos comerciales poco afortunados. 15, 28.

Espada—Si la espada es suya, alcanzará una posición encumbrada, con honores y distinciones. Peleas y desacuerdos si otros están blandiendo una espada. 27, 15.

Espárragos—Vivirá en un entorno próspero y sus hijos serán obedientes. Exito en los negocios si los come. 12, 10, 1.

Especias—Si no tiene cuidado, manchará su reputación por su amor a los placeres. 14, 88.

Espejo—Verse reflejado en uno, indica angustia y enfermedad. Ver a otros significa que lo utilizarán en beneficio propio. Un espejo roto anuncia la muerte súbita o violenta de alguien cercano a usted. 8, 13.

Espía—Discusiones seria y desavenencias. 29, 10.

Espinas—Algunas dificultades impiden su éxito. Cuidado con enemigos ocultos. 17, 66.

Esponja—Está rodeado de engaño y mentira. 14, 54.

Esposo/a—Desavenencias y discusiones en el hogar. 88, 93.

Esposas—Si se ve usted mismo esposado, las maquinaciones de sus enemigos le causarán problemas. Ver a otros esposados indica que se enfrentará a una enfermedad y a problemas. 79, 42.

Esqueleto—Enfermedad, equívocos y posibles ofensas por parte de otros. Que un esqueleto le persiga, augura muerte y fracaso en los negocios. 27, 81.

Esquina—Si se esconde detrás de una esquina, el sueño es un mal augurio y anuncia tristeza y peligro Esté atento ya que alguien en quien confía no es un verdadero amigo. 9, 31.

Estantería—Pérdidas y mala suerte, si están vacías. Si están repletas, se realizarán sus mas preciados deseos. 27, 43.

Estatua—Se separará de un ser querido. Su falta de vitalidad impedirá que progresen sus negocios. 76, 51.

Estetoscopio—No se cumplirán sus esperanzas. Problemas amorosos. 37, 24.

Estofado—Obtendrá ganancias substanciosas. 12, 7.

Estornudo—Noticias apremiantes le harán cambiar sus planes. 16, 53.

Estrella—Buena salud y prosperidad. Una estrella fugaz denota tristeza y pesar. 32, 73.

Estudiantes—Peligro en la calle para alguien perteneciente a su familia. 11, 25.

Etiqueta—No permita que un enemigo averigüe nada sobre su vida privada, porque lo utilizará para perjudicarle. 13, 8.

Europa—Un viaje al extranjero hará que progresen sus finanzas. 6, 30.

Excremento—Se producirán muchos cambios en su entorno inmediato. Debería ser más abierto con los demás y estar preparado para expresar sus opiniones. 21, 73.

Explosión—Se sentirá decepcionado ante las acciones de otras personas. Si alguien resulta herido o queda mutilado en la explosión, le culparán por algo que no ha hecho. 43, 61.

Faja—Si lleva una puesta, le influirán personas que conspiran contra usted. Si coge una, disfrutará de honores y placeres. 18, 93.

Falda—Flirteos y pasatiempos frívolos. 54, 71.

Fama—Si sueña que es famoso, sus aspiraciones le traerán desilusión. Soñar con un famoso significa que saldrá de la sombra y conseguirá honores y distinciones. 65, 38.

Familia—Una familia feliz es signo de buena salud y buenas finanzas. Si hay discordias, sufrirá desengaños. 87, 53.

Fantasma—Si ve el fantasma de uno de sus padres, debe tener cuidado al hacer tratos con extraños. Si el fantasma le habla, acecharán enemigos no declarados. 62, 89.

Faro—Si ve uno en medio de un mar calmado, muchas alegrías y buenos amigos. Un faro en medio de una tormenta indica que sus penas serán finalmente desplazadas por la prosperidad y el éxito. 34, 87.

Felpudo—Tendrá que afrontar numerosas preocupaciones y pesar. 21, 70.

Feo—Verse uno mismo feo en un sueño anuncia problemas amorosos. 8, 68.

Férctro (porteadores del)—Se causará problemas usted mismo por rivalizar con gente importante y con sus amigos. 73, 24.

Ferri—Si viaja en un ferri y el mar está tranquilo, todos sus planes se cumplirán con éxito. Si el agua está sucia o agitada, le costará hacer que sus planes se cumplan. 41, 62.

Festividad—Le preparan sorpresas agradables. 37, 64.

Fideos—Apetitos y deseos anormales. Mal augurio. 44, 90.

Fiebre—Tener fiebre en un sueño significa que se preocupa por cosas insignificantes y deja pasar de largo lo mejor de la vida. Debería serenarse y hacer cosas más útiles. 93, 56.

Fiebre tifoidea—Tener fiebre tifoidea en un sueño, le advierte contra enemigos ocultos. Si hay una epidemia de fiebre tifoidea, es posible que sufra pérdida en los negocios y que su salud no ande muy fina. 88, 71.

Fiesta—Tendrá problemas económicos. 87, 20.

Físico—Malgasta su tiempo con pasatiempos frívolos. 61, 83.

Flauta—Si es usted quien la oye, se reencontrará felizmente con amigos que estaban lejos. Si la toca se enamorará de una persona afable. 61, 46.

Flecha—Placeres y alegrías tras ellos. Pronto emprenderá viajes agradables. Si la flecha es vieja o está rota, penas en el amor. 75, 31, 2.

Flor—Placeres y ganancias si están frescas. Si están marchitas, sufrirá muchos desengaños y tristezas en su vida. 88, 25.

Florecimiento—En un futuro próximo tendrá un gran éxito y disfrutará de paz mental. 77, 17.

Forasteros—Ha perdido algo muy valioso, pero lo encontrará cuando menos lo espere. 9, 47.

Fortaleza—Si está confinado en una, quedará en una precaria situación por los manejos de sus enemigos. Si usted encierra a otros, vencerá a sus enemigos y tendrá mucho éxito con los miembros del sexo opuesto. 91, 45.

Fotografía—Cuídese del engaño y la discordia. 27, 83.

Frambuesa—Procure no meterse en líos aunque parezcan interesantes, ya que pueden salirle caros. 93, 2.

Franqueo—La buena planificación de sus negocios le reportará grandes beneficios económicos. 57, 62.

Frente—Cambiará de carrera o actividad y obtendrá un gran éxito con esta nueva orientación. 7, 80.

Fresas—Ganancias sustanciosas y placer en su vida. Conseguirá algo que ansiaba tener. Comerlas significa que su amor será correspondido. 67, 81.

Frío—Tener frío en un sueño es una advertencia para que vaya con cuidado en sus negocios, ya que tendrá que hacer frente a los sucios manejos de sus adversarios. Es posible que padezca alguna enfermedad. 82, 17.

Fruta—La fruta madura en un árbol augura un próspero futuro. Que la fruta esté verde, le advierte sobre acciones irreflexivas. Comer fruta simboliza vacuidad en los placeres y desilusión a causa de ello. 12, 65.

Fuente—Dispondrá de importantes bienes y hará viajes placenteros. Si el agua es turbia, pasará por aventuras amorosas desafortunadas. 61, 32.

Fuegos artificiales—Disfrutará de buena salud y tendrá muchas alegrías. 27, 31.

Funeral—Matrimonio desgraciado y niños enfermizos. 91, 42.

Gaita—Pronto recibirá buenas noticias, pero deberá tener más cuidado con su dinero. 30, 82, 8.

Galletas—Hara un viaje que resultará provechoso para usted y los suyos. 61, 46.

Gallina—Tendrán reuniónes familiares felices y buenos momentos. 76, 54.

Gallo—Ver a un gallo cacareando augura felicidad en el matrimonio. Si los gallos se pelean, dejará su hogar por discusiones familiares. 22, 1.

Gallo de pelea—Alcanzará una posición elevada y se volverá arrogante y presumido. Ver a los gallos peleando anuncia discusiones y discordia. 86, 46.

Ganado—Un ganado hermoso y saludable indica prosperidad y felicidad gracias a un compañero agradable. Si el ganado está flaco y mal nutrido, tendrá que trabajar duro toda su vida porque no da importancia a los pequeños detalles. El sueño es una recomendación para que cambie sus hábitos si es que quiere progresar. 5, 99.

Garaje—Sus asuntos personales pronto mejorarán. 16, 32.

Garganta—Una garganta sana, anuncia un rápido ascenso de posición. El dolor de garganta augura el desengaño con un amigo. 18, 57.

Gas—Si lo inhala, tendrá problemas a causa de su propia negligencia. Si lo extingue, es probable que sea usted mismo quien destruya su felicidad. 76, 82.

Gasolina—Obtendrá un éxito inesperado de fuentes insospechadas. 39, 12.

Gatito—Cuídese del engaño. Tendrá muchos pequeños problemas que le molestarán y le disgustarán. 36, 47.

Gato—Es un mal augurio que no consiga echarlo. Que el gato le ataque significa que usted tiene enemigos que intentarán destruirle. 9, 77.

Gelatina—reuniónes agradables con sus amigos. 76, 54.

Gemelos—Ganancias en los negocios y una feliz vida familiar. 54, 28.

Geranio—Disfrutará de una considerable fortuna. 71, 40.

Gigante—Luchas por sus rivales. Que el gigante huya de usted augura éxito y prosperidad. 31, 65.

Ginebra—Confía en amigos que no son sinceros. 78, 44.

Globo—Esperanzas no realizadas. Fracaso en todos sus proyectos. 33, 71.

Golf—Ilusiones vanas y posibles pérdidas en los negocios. 83, 54.

Golpear—Llegarán noticias graves. 36, 42.

Golpes—Tenga cuidado con posibles heridas, especialmente en la cabeza, y también cuando viaje. 68, 15.

Gordo—Verse gordo anuncia cambios afortunados. Si otros están gordos, prosperará y tendrá buena suerte. 77, 55.

Gorra—Participará en algunos festejos. Una gorra deportiva indica que su concepto desenfadado de la vida le ayudará mucho. 50, 25.

Gorrión—Estará rodeado de amor y confort Si el gorrión está herido, pronto experimentará la tristeza. 76, 50.

Gotera—Perdidas y tribulaciones. 98, 76.

Granero—Si está lleno de grano y hay en los alrededores un ganado sano, le esperan una gran prosperidad y felicidad. Si el granero está vacío, malas finanzas y falta de liquidez. 11, 68.

Granja—Vivir en una granja anuncia buena suerte en todas sus empresas. 4, 91.

Grano—Augurio positivo. Aunque anuncia prosperidad y abundancia. 77, 24.

Granos—Si su cara está cubierta de granos, le molestarán cosas sin importancia. 14, 17.

Gritar—Problemas en sus negocios por un descuido suyo. 56, 82.

Grito—Sus enemigos están intentando perjudicarle. 88, 15.

Guadaña—Posibilidad de accidentes y enfermedad. 15, 28.

Guantes—Perderlos significa que le abandonarán las personas a las que ama. Llevarlos indica que triunfará en los negocios después de superar algunos obstáculos. Si son viejos, le traicionarán y sufrirá pérdidas. 71, 2.

Guerra—Malas perspectivas en los negocios y en sus asuntos en general. 92, 57.

Guijarros—Tendrá muchos rivales que amenazarán su tranquilidad mental. 17, 64.

Guirnalda—Se le presentan buenas oportunidades para enriquecerse. 10, 78.

Guisantes—Buena salud y acumulación de riquezas. 65, 40.

Gusano—Cuídese de las intrigas de gente de mala reputación. Si los usa como cebo, utilizará a sus enemigos para avanzar en sus negocios. 81, 20.

Hablar—Disfrutará durante su vida y tendrá comodidades cuando sea mayor. 76, 5.

Hacer punto—Paz y tranquilidad en el hogar con un compañero amoroso e hijos agradables. Si una mujer sueña que hace punto y es soltera, pronto se casará. 77, 5.

Hacha—Tendrá que luchar por todo lo que consiga. En una mujer, el sueño indica que tendrá un marido bueno y considerado, pero no rico. Un hacha rota anuncia enfermedad y pérdidas monetarias. 13, 42, 6.

Hada—Buen augurio, predice alegría y felicidad. 55, 9.

Halcón—Será estafado por personas intrigantes si no tiene cuidado. Ver uno muerto o matarlo, indica que vencerá a sus enemigos. 8, 43.

Hambre—Mal augurio que indica un matrimonio desgraciado y problemas en el hogar. 22, 6.

Hambriento—Tareas infructuosas y pérdida de amigos si se ve así mismo hambriento. Ver a otros hambrientos predice pobreza y descontento con sus amigos y compañeros. 24, 17.

Harina—Indica una existencia sencilla pero armoniosa. 31, 44.

Harina de avena—Comerla indica que disfrutará de una fortuna bien merecida. 65, 39.

Hebilla—Recibirá muchas invitaciones para asistir a fiestas y lugares de recreo. 16, 20.

Helado—Comerlo predice éxito en sus asuntos. Si se derrite, sus esperanzas no se realizarán. 24, 35.

Helecho—Sus problemas actuales pronto serán reemplazados por el éxito y la felicidad. Si el helecho está seco, habrá un enfermo en su familia. 13, 50.

Heno—Segarlo indica una buena vida y gran prosperidad. Verlo es un augurio de buena suerte y éxito en todos sus asuntos. 7, 14.

Heredero—Corre el riesgo de perder sus posesiones. Ganará nuevas responsabilidades. 75, 47.

Herida—Un acontecimiento desgraciado le causará aflicción. Trate de ser fuerte, ya que pasará. 11, 57.

Herir—Que le hieran, anuncia dificultades en los negocios. Si ve a otros heridos, un amigo será injusto con usted. 34, 61.

Hermana—Le esperan una enorme suerte y felicidad. 22, 61.

Hermano—Esté preparado para discusiones violentas con familiares y amigos íntimos. 43, 14.

Herradura—Ganancias en los negocios y un romance que terminará en matrimonio. Recoger una significa que recibirá beneficios de una fuente desconocida. 16, 35.

Herrero—Su esfuerzo pronto le proporcionará un merecido éxito y una mejora en sus finanzas. 91, 55.

Hidrofobia—Cuidado con enemigos y rivales que tratarán de causarle aflicciones y pérdidas. 17, 46.

Hiedra—Disfrutará de una salud excelente y aumentará su buena suerte y sus relaciones amorosas afortunadas. 55, 7.

Hielo—Numerosas dificultades y peligro debido a enemigos y oponentes. Si ve hielo flotando sobre agua clara, sufrirá a causa de amigos celosos e impacientes. Caminar sobre hielo es una advertencia sobre riesgos innecesarios. 80, 49.

Hiena—Mala suerte y desengaños. También indica riñas entre enamorados. 15, 64.

Hierbas—Recibirá mucho amor. 12, 7.

Hígado—Un hígado en mal estado significa que su futuro cónyuge siempre estará quejándose de la vida en general. Si come hígado en un sueño, descubrirá que una persona falsa ha ocupado su lugar en el corazón de la pareja. 8, 87.

Higos—Si se los come, el sueño indica que tiene algún problema de salud y debería ir al médico. Verlos crecer es señal de buena salud y prosperidad. 41, 36.

Higos secos—Pasará muchas dificultades en su vida. 90, 16.

Hija—Numerosos sucesos desagradables darán paso a la alegría y felicidad. 22, 73.

Hijo—Si ve a su hijo contento, éste conseguirá honores y le hará muy feliz. Si lo ven enfermo o herido en algún sentido, se aproximan dificultades. 61, 48.

Hilo—Exito en sus acuerdos comerciales y una feliz vida familiar. 19, 3.

Histeria—Trate de mantener el control en una futura situación difícil, ya que la pasará sin problemas. 98, 76.

Hogar—Visitar su antiguo hogar, significa que le alegrarán buenas noticias. Si su aspecto es de deterioro, recibirá en breve noticia de la enfermedad o muerte de un pariente. 88, 42.

Hogar de leña—Buena voluntad entre sus amigos si hay leña ardiendo en él. Si la rejilla está vacía, el sueño anuncia muerte y pérdida de propiedad. 34, 43.

Hojas—Felicidad y satisfacción en sus negocios. Las hojas secas aluden a falsas esperanzas y a desacuerdos que vendrán. 78, 17.

Hombre—Un hombre apuesto augura una vida llena y feliz. Si es feo o mal formado, sufrirá muchos desengaños. 23, 45.

Hombro—Ver el hombro de otras personas indica que se producirán cambios afortunados que modificarán su forma de ver las cosas. 8, 75.

Horca—Muchos enemigos se confabularán para expulsarle de la posición que ocupa. 88, 64.

Hormigas—Molestias insignificantes y codicia. Insatisfacción general. 2, 7, 41.

Horno—Si está muy caliente, disfrutará del amor de su familia y tendrá muchos niños. Si hace pan en el horno, se llevará desengaños temporales. 62, 40.

Horóscopo—Soñar que se lo preparan, anuncia cambios inesperados y un largo viaje. 27, 89.

Hospital—Riesgos de enfermedades contagiosas en su proximidad. 27, 72.

Hotel—Realizará muchos viajes y disfrutará de éxito y felicidad en la vida. 52, 34.

Hoyo—Mirar el interior d un hoyo profundo, anuncia riesgos innecesarios e indiscreción en sus asuntos amorosos. Si cae dentro del hoyo, sufrirá calamidades y tristeza. 27, 16.

Huérfano—Se beneficiará del trabajo de otros. 33, 75.

Huerto—Una huerta rica, cargada de fruta significa que recibirá el reconocimiento por su trabajo bien hecho y disfrutará de una feliz vida familiar. Si es yermo, desaprovechará la oportunidad de ascender en la vida. 59, 62.

Huesos—Verlos sobresalir de la carne, le advierte sobre una traición en su trabajo. Ver un montón de huesos denota pobreza y hambre a su alrededor, incluso la amenaza de contaminantes en su entorno inmediato. 87, 46.

Huevo—Un nido con huevos es símbolo de riqueza y felicidad y de una armoniosa vida matrimonial con muchos niños. Comer huevos denota preocupaciones anormales en su hogar. 44, 20.

Humo—Las dudas y el miedo ensombrecerán su vida si no intenta evitarlo. Cuídese de las personas aduladoras y engañosas. 42, 36.

Huracán—Se enfrentará a mucho sufrimiento y dificultades en un futuro inmediato. Sea fuerte y los vencerá. 8, 1.

Ídolo Progreso lento en su camino hacia la cumbre. 56, 13.

Iglesia—Placeres vacíos. Entrar en una iglesia oscura significa que asistirá a un funeral. 82, 49.

Imán—Cuídese de las malas influencias, ya que intentarán arrastrarle al mal camino. En una mujer, el sueño significa que alguien la colmará de regalos y riquezas. 46, 84.

Impresor—Si no economiza, acabará en una situación muy precaria. 24, 18.

Impuestos—Pagarlos significa que evitará las malas influencias. 89, 46.

Incesto—Pérdidas en los negocios y también en la opinión pública. 73, 26.

Incienso—No deje que otros le halaguen para que haga lo que ellos quieren. 88, 78.

Indiferencia—Compañeros agradables que estarán con usted por mucho tiempo. 38, 94.

Indigestión—Procure mejorar sus hábitos alimenticios y su entorno. 23, 47.

Indulto—Sus problemas actuales se resolverán de un modo ventajoso para usted. 56, 73.

Indumentaria—Una indumentaria limpia y cuidada indica que triunfará en sus empresas. Si está rota o estropeada, se acercan la pobreza y la mala suerte. Es muy importante el color de la ropa en los sueños, ya que denota cuál es su estado de ánimo; los colores vivos y alegres denotan optimismo y pensamientos positivos; los colores oscuros o apagados, denotan pesimismo y ansiedad. 4, 13.

Infierno—Estar en el infierno indica que sentirá la tentación de hacer algo que puede poner en peligro sus finanzas y su paz mental. Ver a sus amigos en el infierno significa que se enterará de sus desgracias. 88, 34.

Ingeniero—Viajes agotadores, seguidos de viajes agradables. 92, 23.

Insignia—Discusiones y discordia en su hogar. Si le pinchan con una insignia, alguien le causará irritación. 21, 74.

Instrumental quirúrgico—Habrá descontento entre sus amigos 54, 80.

Inundación—Desgracias y muerte por catástrofes imprevisibles. 18, 69.

Inválido—Compañeros desagradables y problemas. 11, 2.

Invierno—Le esperan mala salud y tiempos difíciles. 49, 27.

Invisible—Cometerá un error costoso si no tiene mucho cuidado. 77, 54.

Invitación—Sucesos desagradables y preocupación por tonterías. 65, 30.

Isla—Si es verde y hermosa, disfrutará de muchas comodidades y de éxito en todos sus asuntos. Si es árida sufrirá pérdidas emocionales y materiales por su intemperancia. 28, 67.

Jabón—Le esperan el éxito y tiempos difíciles. 67, 91.

Jade—Pronto disfrutará de prosperidad y felicidad. 7, 67.

Jamón—Corre el riesgo de que le utilicen. Cortarlo significa que vencerá a sus rivales y oponentes en los negocios. Comerlo indica que perderá algo valioso. 97, 32.

Jardín—Si está cubierto de árboles y flores, será feliz y gozará de paz mental. Las verduras anuncian miseria y calumnias, aunque para una mujer significa fama y felicidad. 18, 43.

Jarra—Tiene muchos buenos amigos que se unirán para ayudarle en tiempos difíciles. 2, 13.

Jarrón—Verlo anuncia felicidad en su hogar. Beber de uno le indica que arrebatará a otro su pareja. Si ve uno roto, sufrirá penas. 16, 31.

Jaula—Si hay pájaros en la jaula, disfrutará de una gran riqueza y tendrá niños sanos y encantadores. Si la jaula está vacía, alguien de su familia morirá. Los animales salvajes enjaulados simbolizan el triunfo sobre los enemigos y también sus victorias personales. 88, 53.

Jeringuilla—Falsa alarma sobre la enfermedad de alguien. Esa persona está menos enferma de lo que parece. Enfermedad, si la jeringuilla está rota. 48, 71.

Jinete—Recibirá un regalo de procedencia inesperada. 98, 53.

Jorobado—Cambios para mal inesperados peor. 8, 13.

Joven—Reconciliación familiar. Buen momento para emprender nuevas empresas. 12, 70.

Joyas—El placer y las riquezas serán suyos. Llevarlas indica que alcanzará una posición elevada. 77, 68.

Judías—Este sueño anuncia una enfermedad contagiosa. Si las judías está secas, tendrá que afrontar numerosos desengaños. 33, 79.

Juego—Empresas acertadas y ganancias mediante negocios sucios. 62, 70.

Jugar—Se cumplirán sus esperanzas. 23, 74.

Juguete—Una feliz vida familiar, si son nuevos. Si están viejos o rotos, la muerte llenará su vida de dolor. 71, 68.

Juicio—Se resolverán disputas a través de procedimientos legales. 43, 2.

Juicio (Día del)—Llevará a término algo que ha planeado durante mucho tiempo. 99, 6.

Jurado—Si usted es un miembro del jurado, está insatisfecho con su actual trabajo y tratará de cambiar de oficio o profesión. Si usted es absuelto por un jurado, tendrá éxito en todos sus asuntos. Si un jurado le condena, sus enemigos le vencerán. 88, 48.

Juramento—Discordia y problemas en breve. 15, 8.

Justicia—Vigile sus acciones y su comportamiento público, ya que es posible que en breve tenga que afrontar el escándalo y la vergüenza públicos. 13, 47.

Labios—Unos labios suaves y carnosos denotan armonía y poder. Predicen la reciprocidad de sentimientos en el amor. Unos labios finos indican que siempre domina la situación. 27, 82.

Labor—Trabajo provechoso y una salud excelente. 65, 74.

Laboratorio—Es posible que tenga que enfrentarse a una seria enfermedad si no cuida su salud. 47, 35.

Ladrar—Debería escuchar el consejo de sus amigos más próximos: le quieren bien y saben de qué están hablando. 57, 43.

Ladrillo—Negocios inestables y discusiones entre enamorados. Hacer ladrillos alude a su fracaso en el intento de hacer una fortuna. 84, 24.

Ladrón—Tendrá que enfrentarse a enemigos poderosos. Si están robando en su casa, su posición en la comunidad será cuestionada, pero saldrá adelante. 28, 64.

Lagarto—Le atacarán sus enemigos. Desdicha y tristeza si le muerte o le golpea. 28, 92.

Lago—Si navega sobre un lago apacible, compartirá las satisfacciones y las alegrías con sus seres queridos. Las aguas turbias o turbulentas anuncian problemas en los negocios y el amor. 33, 89.

Laguna—Dudas y confusión causadas por sus decisiones irreflexivas. 43, 27.

Lamento—Las discusiones y la aflicción acabarán dando paso a la felicidad y el éxito. 24, 86.

Lámpara—Si la lámpara está encendida, alegría y muchos placeres. Una lámpara vacía u oscura indica depresión y tristeza. 32, 10.

Lana—Se le presentará la oportunidad de alcanzar su sueño más preciado. 27, 59.

Langosta—Grandes favores de gente importante y muchas riquezas. 63, 37.

Lanza—Una feliz vida familiar y gran confort cuando sea mayor. 76, 5.

Lápiz—Ocupaciones que le reportarán una buena remuneración. 62, 2.

Látigo—Discusiones y separaciones familiares. 38, 71.

Laurel—Algún día alcanzará el éxito y la fama. Ganancias en todas sus empresas. 75, 48.

Lavar—Uno de sus amigos tendrá problemas por culpa de murmuraciones malintencionadas. 25, 87.

Lavandería—Si la ropa está limpia, tendrá éxitos en sus empresas. Si está sucia, fracasará. Que el tendero de la lavandería vaya a su casa a recoger la ropa sucia, es un mal augurio, predice una posible enfermedad y la pérdida de algo muy valioso. 13, 67.

Lazada—Problemas con alguien que finge ser su amigo. 14, 24.

Lazo—Amigos y compañeros alegres y agradables. Si el lazo no es negro, le espera una vida feliz. 43, 29.

Leche—Beberla es signo de abundancia y alegría. Verla en grandes cantidades anuncia riquezas y una magnífica salud. Si la vierte, sufrirá algún tipo de pérdida e infelicidad temporal a causa de sus amigos. 6, 14.

Lechuga—Si es fresca y limpia, está a punto de pasar por una situación embarazosa tras la que conseguirá uno de sus mayores deseos. Si la come, tendrá arrebatos de celos y quizás una enfermedad que le separan de su pareja. 15, 64.

Lechuza—El grito de una lechuza anuncia muerte. También es posible que reciba malas noticias de alguien que está lejos. Ver una indica peligro a causa de sus enemigos. 96, 74.

Leer—Soñar que lee significa que salió victorioso de una tarea difícil. Si otros leen, siempre podrá contar con la ayuda de sus amigos. 35, 72.

Legislatura—Será vanidoso y egoísta. Encontrará dificultades para avanzar en general. 13, 64.

Lengua—Ver su propia lengua significa que sus conocidos van con mala fe. Si la lengua es de otro, escándalo y denigración. 32, 79.

Lentes—Tendrá amigos desagradables de los que le costará deshacerse. 5, 67.

León—Tiene una gran fuerza interior y una elegancia que siempre le ayudarán a salir adelante. Si el león le vence, quedará a merced de sus enemigos. 13, 85.

Leopardo—Si le ataca, haber hecho confidencia a la persona equivocada puede arruinar sus sueños más preciados. Si lo mata, tendrá éxito en todo. Si ve uno enjaulado, sus enemigos no podrán dañarle. 87, 56.

Lepra—Si se ve como un leproso, pronto pasará una enfermedad que le saldrá bastante cara. Que otros la tenga, señala unas perspectivas descorazonadoras y problemas amorosos. 11, 19.

Levadura—Oportunidad de conseguir mucho dinero. 16, 83.

Libro Mayor—Confusión y dudas si lo lleva. Introducir referencias equivocadas, anuncia pequeñas disputas y ligeras pérdidas. Si el libro se quema, pérdidas por el descuido de amigos. 17, 23.

Libros—Honor y riquezas si los estudia. Ver que se imprime uno, es una advertencia de posibles pérdidas en los negocios. 12, 73.

Licencia—Posibles discusiones y pérdidas. 12, 34.

Licor—Comprar licor, significa que se apropiará de algo que no es suyo. Beberlo, anuncia la posible adquisición de unas riquezas que compartirá generosamente con los demás. Verlo es signo de riqueza y prosperidad. 85, 42.

Lila—Procure no ser tan vanidoso y falso, ya que eso podría convertirse en su peor enemigo. 14, 45.

Limón—Celos y posibles desengaños y humillaciones, sobre todo si come el limón. 81, 73.

Limonada—Alguien intentará hacer dinero a su costa. 14, 67.

Limosna—Si se da o se acepta de mala gana, el sueño es un mal augurio. Si es bien recibida, pronto tendrá buena suerte. 23, 60.

Linterna—Si ve una brillar ante usted en la oscuridad, conseguirá riquezas y una buena posición. Si se apaga, fracasará en el intento de alcanzar sus ambiciones. 24, 56.

Lisiado—Soñar que lo dejan lisiado, denota pobreza y miseria; también problemas en sus negocios. 6, 49.

Lobo—Empleará a un ladrón o a un chismoso. El aullido de un lobo, le advierte que algunas personas se han confabulado para derrotarlo en una pugna comercial. 24, 83.

Locomotora—Un rápido progreso en su carrera y muchos viajes agradables. Si está rota o descarrilada, sufrirá importantes pérdidas y tristezas. 91, 65.

Locura—Le esperan problemas y dificultades en un futuro próximo. 34, 42.

Loro—Si el loro parlotea, significa que pierde el tiempo con charlas insustanciales y cosas insignificantes. 65, 72.

Lotería—Si gana, obtendrá ganancias de un negocio poco limpio en el que se ha comprometido. Si no gana, será víctima de gente falaz. Si otros ganan, disfrutará de muchos encuentros felices con buenos amigos. 63, 32.

Lucha—Tendrá encuentros desagradables con adversarios en los negocios y el amor, y posiblemente un pleito legal. Si lo derrotan, sufrirá importantes pérdidas. Si gana, estos malos augurios se invierten. 7, 57.

Luna—Mejoría en los negocios y éxitos en el amor. 65, 34.

Luz—Exito en todos sus acuerdos. Una luz sana, señala un éxito parcial. Si la luz se apaga, se sentirá desengañado con algo que había preparado muy a conciencia. 34, 56.

Llagas—Pérdidas por una enfermedad. 14, 82.

Llanura—Atravesar una llanura cubierta de hierba significa que llegará a alcanzar una buena posición. Sucederá lo contrario si la llanura está yerma. 18, 53.

Llave—Cambios inesperados en su vida. Encontrar sus llaves, indica que tendrá una vida doméstica feliz y recibirá buenas propuestas en los negocios. Perder una llave, augura aventuras y experiencias desagradables. 11, 29.

Llorar—Las alegrías se transformarán en sombrías perspectivas. 85, 60.

Lluvia—Si sueña que camina bajo una lluvia suave, gozará de alegría y una enorme vitalidad, además de prosperidad en todos sus negocios. 11, 97.

Macarrones—Pequeñas pérdidas. En una mujer, significa que pronto entrará en su vida un extraño. 18, 70.

Madera—Un escándalo se cierne sobre usted y su familia, 59, 7.

Madre—Encuentro feliz con un ser querido. 2, 85.

Madrastra—Es posible que se produzca una muerte. 15, 98.

Magia—Si consigue algo mediante la magia, le esperan sorpresas agradables. Si ve a un mago en un sueño, disfrutará de viajes interesantes. 54, 17.

Maíz—Soñar que pela el maíz indica abundancia y buena suerte. Si otros recogen el maíz, se sentirá feliz por la buena suerte de alguien muy querido. 55, 23.

Malicia—Trate de controlar sus pasiones. 32, 45.

Mancha—Problemas en asuntos de poca importancia. Las machas en otras personas indican que le traicionarán. 13, 4.

Mandarina—Se librará de las ofensas, gracias a la ayuda de otros. 78, 40.

Mandíbula—Desacuerdo y malestar entre amigos. Posibilidad de enfermedad para usted o alguien cercano a usted. 1, 63.

Mano—Si las manos son bonitas, disfrutará de fama y honores. Si son feas y están mal formadas, el sueño denota pobreza y desengaños. Si ve sus propias manos sucias, actuará envidiosa e injustamente con respecto a otros. 35, 67.

Mansión—Tendrá ricas posesiones. Si la casa está encantada, tendrá desgracias repentinas en medio de su felicidad. 48, 71.

Manta—Sea cauto y cuide su salud si quiere evitar caer enfermo. 68, 66.

Mantelería—Prosperidad y felicidad. 32, 73.

Mantequilla—Si está en buen estado, gozará de buena salud y éxito tras una paciente planificación. 23, 62.

Manuscrito—Si está sin acabar, anuncia desilusión. Si está acabado y es legible, se cumplirán sus mayores esperanzas. 32, 91.

Manzanas—Sus esperanzas se cumplirán. Se anuncia paz, prosperidad y buena fortuna. Será un mal augurio si la manzana está podrida, verde o es imperfecta en algún sentido; en este caso, significa que todos sus proyectos fracasarán. 4, 11, 44.

Mapa—Cambio en los negocios que traerá muchas decepciones y también riesgo. 56, 82.

Mapache—Le están engañando enemigos que fingen ser sus amigos. 18, 93.

Maquillaje—Alguien intenta engañarle. 85, 71.

Maquinaria—Un nuevo proyecto le causará una fuerte ansiedad, pero acabará llevándolo a buen término. 29, 57.

Mar—Oír las olas en la playa, anuncia una vida solitaria sin amor de un compañero fiel. También deseos insatisfechos. 67, 30.

Mareo—Problemas y un mareo real. 36, 82.

Marfil—Buena fortuna y éxitos financieros. 90, 42.

Margarita—Tristezas si las ve en un ramo. Sin embargo, en un prado denotas felicidad y una salud excelente. 3, 27.

Marido—Muchos cambios en su vida. Si lo ve muerto, le esperan muchas decepciones y tristezas. Si está sano y feliz, su hogar rebosará alegría y placer. 55, 7.

Marihuana—Sueña con cosas imposibles. Intente llevarse mejor con la realidad. 16, 3.

Marina—Batallas victoriosas y control sobre sus enemigos. Muchos viajes afortunados. 99, 57.

Mariposa—El sueño anuncia buena suerte y prosperidad. Si las ve volando, recibirá buenas noticias de amigos y parientes que están lejos. Para una mujer, significa que su pareja será leal y se convertirá en un buen esposo. 55, 75.

Mármol—Tendrá éxito en el plano financiero, pero le faltará afecto en su vida social. 15, 41.

Marrón—Este color denota un estado de presión y confusión general. Que otra persona vista con ese color es señal de que no le satisface su relación con usted. 44, 84.

Marte—Será muy desgraciado por la crueldad de algunos supuestos amigos. Tenga también cuidado con adversarios que intentan hacerle daño. 18, 51.

Martillo—Obstáculos difíciles de superar. 48, 50.

Martirio—Alcanzará muchos honores y distinciones. 73, 91.

Máscara—Si lleva una, tendrá problemas por un tiempo. Ver a otros con máscara significa que tendrá que luchar contra la envidia y la falsedad. 41, 58.

Matadero—Más que quererle, su pareja o su cónyuge le temerá. 52, 64.

Matanza—Aflicción y fracaso en todos sus asuntos si el asesinato lo comete a usted. Si mata en defensa propia, el sueño indica victoria y una mejora en sus negocios. 4, 49.

Matrimonio—Verlo indica alegría en el futuro. Si es usted mismo el que se casa, recibirá malas noticias sobre alguien ausente. 67, 16.

Mausoleo—Enfermedad, muerte o penas para un amigo famoso. Si usted está dentro de un mausoleo, deberá superar una enfermedad. 13, 85.

Mecánico—Anuncia cambios de residencia y un negocio más activo. 92, 4.

Medalla—Obtendrá honores por su esfuerzo y su dedicación. Perder una anuncia tristeza y dificultades por la infidelidad de otros. 33, 8.

Medias—Cuídese de la inmoralidad y de las compañías disolutas. 13, 4.

Medicamento—Si es agradable al gusto, tendrá problemas que solucionará. Si no lo es, sufrirá una enfermedad o una pérdida. Si lo administra a otros, herirá a alguien que confía en usted. 77, 25.

Melocotón—Felicidad y éxito en todos sus acuerdos. 34, 82.

Melón—La persona en quien más confía se ríe de usted a sus espaldas. 47, 38.

Mendigo—Pronto se encontrará ante un cambio de fortuna que le reportará muchas ganancias. 56, 29.

Mensaje—Cambios en sus asuntos, si recibe uno. Si lo envía, se verá envuelto en situaciones desagradables. 16, 5.

Mentir—Pasará por situaciones deshonrosas y sufrirá una crítica injusta o la causará a otros. 18, 77.

Mentiroso—Vejaciones causadas por personas falsas. 15, 48.

Mercado—Ahorro y una gran actividad laboral. Si está vacío, depresión y tristeza. 12, 82.

Mermelada—Comerla indica sorpresas y viajes agradables. 10, 5.

Mesa—Una mesa dispuesta para comer predice uniones felices y prosperidad. Si no hay nada en la mesa, pobreza y discusiones en el futuro. 11, 83.

Microscopio—Fracaso y escasas ganancias en los negocios. 9, 12.

Miedo—Su futuro no será tan maravilloso como esperaba. En una mujer, el sueño predice un amor veleidoso e infidelidad. 39, 61.

Miel—Entrará en posesión de una gran riqueza. Comerla indica que disfrutará de riqueza y amor. 55, 7.

Millonario—Debería escuchar el consejo de sus amigos. 10, 2.

Mina—Fracaso. Poseer una anuncia riquezas futuras. 23, 60.

Ministro—Desgracias, cambios y viajes desagradables. 38, 50.

Ministerio—Cambios para mejor en su vida. Procure no descuidar sus obligaciones. 26, 4.

Mobiliario—Su trabajo le mantendrá siempre atado a la clase trabajadora y tendrá pocas oportunidades de conseguir alguna distinción. 32, 76.

Mochila—Recibirá las sorpresas más agradables e importantes entre totales desconocidos. 39, 27.

Mojado—Soñar que está mojado anuncia placeres que podrían involucrarlo en escándalos o causarle pérdidas. 73, 54.

Molino de Viento—Le espera prosperidad y felicidad. 53, 26.

Moneda falsa—Una persona despreciables le causará problemas. Se acercan malos tiempos. 77, 66.

Monedas—Si las monedas son de oro, será próspero y viajará muy lejos. Si son de plata, mala suerte y discusiones familiares. Si su pareja le da una moneda de plata, significa que planea cortar su relación. Las monedas de cobre o níquel denotan mala suerte o pesar. 32, 56, 13.

Monedero—Un monedero lleno de dinero indica que suyos será la armonía, la alegría y el amor. 73, 29.

Monja—Posible separación de los enamorados. 92, 36.

Monje—Problemas familiares y viajes desagradables. 15, 80.

Mono—Enfermedad y mala suerte. Vaya con cuidado, ya que un falso amigo desea su ruina. 4, 5, 6, 31.

Monstruo—Si le persigue, pronto pasará por problemas dolorosos y preocupaciones. Matarlo significa que vencerá a sus enemigos y ascenderá de posición. 1, 22.

Montaña—Escalar una montaña significa que conseguirá riquezas y distinciones. Si cae o no puede alcanzar la cima, deberá afrontar reveses y desdichas. 8, 60.

Montura—Buenas noticias y visitas inesperadas. También es posible que realice viajes agradables. 35, 12.

Mordedura—No debería aplazar el trabajo que tiene. Es posible que sufra pérdidas económicas por causa de un enemigo. 92, 37.

Morir—Ver a otros morir, anuncia mala suerte para usted y los que le rodean. Verse morir uno mismo, significa que corre algún tipo de peligro físico a causa de algo o alguien que supone una fuente de placer. 88, 49.

Mortaja—Enfermedad y ansiedad a causa de ella. Cuidado con los falsos amigos. Amenaza de caída en los negocios. 21, 69.

Moscas—Malestar y enfermedades contagiosas. Para una mujer significa problemas amorosos. 16, 97.

Mudo—Sufrimiento y desdicha en su vida. 66, 18.

Muérdago—Felicidad y mucha alegría. 44, 6.

Muelle—No es aconsejable que viaje. Es posible que sufra algún accidente. Tenga cuidado cuando conduzca y viaje. 85, 34.

Muerte—Si alguien de su familia aparece muerto en un sueño, dentro de poco experimentará tristeza. 82, 39.

Muertos—Esté atento a futuros problemas. Si ve a los muertos contentos, significa que está dejándose influir por las personas equivocadas. 19, 62.

Mujeres—Intrigas y pérdidas, si no tiene cuidado. 8, 79.

Muletas—Dependerá durante mucho tiempo de la ayuda y el soporte de otros. Si ve a otra persona con muletas, luchará en vano por conseguir riquezas. 68, 39.

Multitud—Una multitud bien vestida, indica que tiene amigos agradables. Si está en una iglesia, se producirá una muerte en la familia. Ver una multitud en la calle, es señal de buenos negocios y prosperidad. 7, 19.

Muñeca—Sea cauto con la relaciones amorosas superficiales. Es posible que se cree problemas a usted mismo y también a otra persona. 38, 54.

Murciélago—Peligro y mala suerte. El sueño podría significar la muerte de los padres o de amigos, o la pérdida de algún miembro o de la vista. Un murciélago blanco, es un claro augurio de muerte, sobretodo de un niño. 42, 89.

Muros—Si obstruyen el camino, no se deje llevar por las malas influencias porque podría costarle caro. Si salta sobre ellos, superará todos los obstáculos que aparezcan en su vida y alcanzará sus objetivos. 21, 70.

Museo—Conseguirá muchas cosas valiosas durante su vida. 3, 57.

Música—Alegría y prosperidad. 24, 63.

Muslo—Si tiene buen aspecto, buena suerte y placer. Si está herido o lisiado, cuídese del engaño y la enfermedad. 25, 47.

Nacimiento—Su actividad social se verá ensombrecida por aflicciones inesperadas. 29, 81.

Nadar—Si es reconfortante y no ha de esforzarse, tendrá un gran éxito. En el caso contrario, descontento en sus asuntos de negocios. 62, 85.

Naranjas—Un naranjo sano cargado de fruta es señal de buena salud y prosperidad. Comer naranjas, alude a la enfermedad de amigos o parientes y a la insatisfacción en los negocios. 62, 85.

Narcisos—Será afortunado en el amor. 75, 19, 1.

Nariz—Cambios en sus negocios, generalmente, serán para mejor. 67, 27.

Naufragio—Temerá dificultades en los negocios o que le destituyan. 16, 4.

Navaja—Discusiones y problemas con parientes o socios. Si se corta con una, tendrá mala suerte con un nuevo acuerdo. 38, 24.

Navegaste—Disfrutará de numerosos viajes felices y provechosos. Si es una mujer, augura la separación de su pareja. 62, 85.

Necrológicas—Malas noticias en breve. 8, 16.

Negro—Le esperan tiempos difíciles. 8, 13.

Nido—Exito en una nueva empresa y cambio de residencia para una mujer. 19, 43.

Niebla—Desplazarse en medio de una niebla espesa, indica que tendrá muchas preocupaciones en sus negocios. Si consigue salir de ella, superará sus problemas. 20, 36.

Nieve—Tristeza y desilusión, sobre todo si se encuentra en medio de una tormenta de nieve. 26, 79.

Ninfa—Se cumplirán sus deseos más fervientes. 35, 97.

Niños—Ver niños guapos es símbolo de prosperidad y alegría. Ver niños enfermos indica buena salud para sus hijos pero también otros tipo de problemas que le preocuparán. 65, 32.

Noche—Opresiones poco corrientes y dificultades en los negocios. 16, 39.

Nogal—Alegrías y favores de gente importante. 1, 82.

Noticias—Las buenas noticias auguran buena suerte y las malas lo contrario. 71, 28.

Novia—Recibirá una herencia que no esperaba si se ve como una novia. Besar a una novia significa reconciliación entre amigos. Si es ella quien le besa, gozará de buena salud y del amor de una persona rica. 55, 97.

Novio—Encontrará un cónyuge que dará a su vida estabilidad emocional y financiera. 73, 26.

Nubes—Las nubes negras y pesadas auguran tiempos difíciles. Si llueve, se anuncia enfermedad y problemas. Las nubes iluminadas por el sol anuncian éxito tras los problemas. 24, 6.

Nudillos—Usted ama a alguien que no corresponde a sus sentimientos. 23, 95.

Nudo—Se preocupa por tonterías. Atar nudos, significa que usted tiene una naturaleza independiente y no permitirá que ni su pareja ni son cónyuge le dominen. 16, 40.

Nuera—Un suceso poco común afectará a su vida pronto, para bien o para mal, según la actitud de la nuera en el sueño. 76, 45.

Nuez—Empresas y amoríos acertado. 55, 7.

Números—La inestabilidad en los negocios la causará una gran insatisfacción. 35, 97.

Oasis—Reencuentro agradable con un viejo o apreciado amigo. 56, 42.

Obispo—Importantes quebraderos de cabeza y complicados acuerdos en los negocios. Mucho trabajo y enfermedades. 60, 16.

Océano—Si está en calma gozará de buenos acuerdos comerciales. Si sus aguas están revueltas, escapará con dificultad al perjuicio y los planes de sus enemigos. 15, 76.

Oculista—No le satisfará el curso que sigue su vida. 17, 54.

Odio—Este sueño es un mal augurio que predice ofensas como resultado de acciones malévolas. 98, 66.

Oficina—Tendrá que competir por el afecto de su pareja. 32, 91.

Ojo—Alguien le observa con el fin de perjudicarle. En el amor este sueño significa que alguien intenta arrebatarle su pareja. 31, 81.

Ojo de la cerradura—Este sueño anuncia celos y discusiones. 8, 43.

Olas—Piensa dar un paso importante; si el agua es limpia, le saldrá bien. Fracasará si el agua está sucia o turbia. 9, 47.

Olivas—Acuerdos comerciales fructíferos y sorpresas agradables. Comerlos indica consentimiento y amistades fieles. 45, 62.

Ombligo—Malas noticias en relación a sus padres. 15, 68.

Omnibus—Malentendidos con amigos y falsas promesas. 81, 47.

Opera—Se relacionará con amigos agradables y todo le saldrá bien por un tiempo en el futuro. 74, 39.

Opio—Extraños le causarán problemas en los negocios. 86, 50.

Oración—Riesgo de fracasos en su asuntos. 11, 23.

Orador—Sus asuntos no irán como debieran. Intente no emitir juicios erróneos. 41, 60.

Orangután—Alguien está utilizando su influencia para sacar adelante sus proyectos egoístas. También engaño en la pareja. 11, 83.

Oreja—Alguien está haciendo averiguaciones indiscretas sobre usted y sus negocios para hacerle daño después. 98, 16.

Organo—Oírlo indica amistades duraderas y una fortuna que aumentará. Verlo en una iglesia, anuncia muerte en la familia o separaciones. 14, 87.

Organos sexuales—Muy pronto recibirá una gran suma de dinero. 33, 75.

Orina—Verla es señal de mala salud y problemas con sus amigos. Orinar anuncia mala suerte y problemas amorosos. 88, 47.

Oro—Tendrá un éxito extraordinario en todas sus empresas. Su talento le facilitará el acceso a la riqueza y los honores. 15, 72.

Orquesta—Oír una orquesta, significa que será apreciado por su bondad con los demás. Si es usted el que toca en una orquesta, disfrutará del amor de su cónyuge o pareja y de agradables pasatiempos. 4, 92.

Oruga—No debería confiar en todos los que le rodean ya que algunos son falsos y peligrosos. Se anuncia una posible pérdida en el amor o en los negocios. 81, 44.

Oscuridad—Si se ve sorprendido por la oscuridad, quizás su esfuerzo no dé resultado. Si el sol brilla a través de ella, superará todas las dificultades. Este sueño es una llamada para que mantenga la calma bajo presión. 66, 48.

Oso—En una mujer, el sueño indica rivalidades y desgracias en general. Matar a un oso, alude a la liberación de sus problemas actuales. Se predice una importante competencia que le será difícil de superar. 64, 14.

Ostra—Verlas, augura una vida tranquila con muchos niños. Si las come, se entregará a placeres vulgares. 46, 15.

Otoño—Obtendrá propiedades gracias a alguien que se preocupa realmente por usted. Soñar que se casa en otoño augura una feliz vida matrimonial. 55, 75, 7.

Ovejas—Si están gordas y sanas, le está reservada una enorme felicidad y prosperidad. Si están flacas y hambrientas, desdicha por el fracaso de una empresa comercial. 81, 35.

Padrastro—Buena suerte y fracaso en los negocios. 31, 8.

Padre—Se enfrentará a problemas que requerirán el sabio consejo de una persona experimentada. Si su padre está muerto, el sueño es una advertencia sobre posibles pérdidas en los negocios. Sea cauto en ellos. 93, 50.

Padrenuestro—Necesitará la ayuda de sus amigos para enfrentarse a la amenaza que suponen sus enemigos. 23, 46.

Padres—Si tiene buen aspecto y parecen felices se producirán cambios afortunados en su vida. Soñar con ellos cuando han muerto, significa que se aproximan problemas. 43, 85.

Página—Procure no quebrantar la ley. 65, 4.

Pagoda—Si ve una, pronto podrá realizar un viaje que deseaba hacer hace tiempo. Estar en una con un amante indica que le sucederán muchas cosas inesperadas antes de casarse. 90, 31.

Paisaje—Alcanzará muchos honores y distinciones. 17, 61.

Paja—Vacío y fracaso en su vida. Si la paja se quema, superará las dificultades y prosperará. 17, 56.

Pájaros—Los pájaros en vuelo simbolizan alegría y prosperidad. Un pájaro herido augura desdicha en el futuro por causa de su descendencia. 33, 12.

Pala—Su esfuerzo será fructífero. Si la pala está rota, sufrirá pérdidas. 46, 32.

Palabrota—Encontrará numerosos obstáculos en sus negocios. 63, 28.

Palacio—Beneficios y distinciones. 55, 38.

Palmera—Mejorará su situación y será muy feliz en el aspecto amoroso. El significado del sueño se invierte si la palmera está seca. 8, 61.

Paloma—Ver una pareja de palomas construyendo un nido, anuncia paz y alegría. Una paloma muerta, augura la separación de una pareja o matrimonio. 58, 13.

Pan—Comerlo denota riqueza y satisfacción personal. Ver y oler pan bien cocido indica el alivio de su situación económica. 61, 74.

Panqueque—Una gran éxito en todas sus empresas. 4, 83.

Pantalones—Sentirá la tentación de cometer extravíos que podrían acabar con su honra. 72, 58.

Pantalla—Intentará ocultar sus errores pero, no vale la pena que se esfuerce, no funcionará. 37, 49.

Pantano—Adversidad y aflicción en su vida. Desengaños en su vida amorosa. Si el agua del pantano es limpia y hay vegetación a su alrededor, acabará consiguiendo un buen éxito y prosperidad. tras numerosas intrigas. 16, 89.

Pantera—Pérdidas en los negocios si ve una. Si la vence o la mata, tendrá un gran éxito. 18, 3.

Pañuelo—Flirteos y amoríos poco importantes. 17, 36.

Papa—Si el Papa no habla, pronto se doblegará ante un superior. Si le habla, obtendrá grandes honores y distinciones. 34, 83.

Papel—Anuncia discusiones en casa y pérdidas a causa de un juicio. 73, 51.

Paquete—Recibir uno significa que se llevará una agradable sorpresa con el regreso de un ser querido. Llevar uno, significa que tendrá que cumplir una tarea agradable. 27, 81.

Paquete postal—Recibirlo anuncia entretenimientos gratificantes. Si usted envía uno, sufrirá ligeras pérdidas. 81, 7.

Paracaídas—Sufrirá pérdidas por culpa de sus excesos. 13, 6.

Paraguas—Protegerse durante un aguacero con un paraguas augura prosperidad y felicidad. Llevar uno anuncia problemas y preocupaciones. Usar un paraguas con goteras anuncia desengaños en el amor y con los amigos. 97, 62.

Paraíso—Tiene amigos leales que quieren ayudarle. Si en la vida real está enfermo o en la miseria, el sueño predice una rápida recuperación y la mejoría de su situación financiera. 35, 42.

Parálisis—Probablemente sufrirá reveses financieros y decepción con sus aspiraciones literarias. También problemas amorosos. 17, 36.

Parche—Llevar parches en la ropa, significa que no le avergüenzan sus obligaciones por muy desagradables que puedan parecer. Si otros llevan parches, la pobreza anda cerca. 8, 67.

Pariente—Pronto recibirá malas noticias sobre alguien cercano. 64, 88.

Parque—Un parque bien cuidado, augura momentos felices de ocio. Un parque mal cuidado anuncia cambios imprevistos poco beneficiosos. 97, 48.

Pasajero—Si los pasajeros llegan, se producirán mejoras en su vida cotidiana. Si se van, perderá la oportunidad de conseguir una propiedad que deseaba. 33, 89.

Pasas—Si las come, sus esperanzas se materializarán. 37, 63.

Pasear—Pasear por lugares agradables significa que tiene buena suerte y goza del favor de gente importante. Desdicha, si pasea por la noche. 91, 25.

Pastas—Engaños y traición si la ve. Comerlas, significa que tiene amigos fieles. 18, 57.

Pastel—Su cariño está bien encaminado. Su amor triunfará y encontrará la felicidad. Alguien le dejará una casa en su testamento. Buena suerte en todas sus empresas, aunque si el pastel es de bodas, su suerte empeorará. 58, 94.

Pastillas—Demasiadas responsabilidades y muy pocas satisfacciones a cambio. 8, 16.

Patada—Pronto resolverá sus problemas actuales. 3, 65.

Patatas—Exito y ganancias sustanciosas en los negocios. 37, 51.

Patines—Ver patines es señal de discordia entre los socios. Ver a gente patinando denota una buena salud y satisfacción ayudando a los demás. 56, 41.

Patos—Los patos salvajes anuncias viajes afortunados. Cazarlos, la pérdida de empleo. Ver cómo los cazan significa que sus adversarios está entrometiéndose en sus asuntos. 35, 74.

Pavo—Ganancias en sus negocios y mejoras en general. Si come pavo, pronto pasará por momentos muy dichosos. 56, 39.

Pavo real—Le decepcionará la idea del honor que tiene su pareja. Tenga cuidado con las falsas apariencias. 88, 47.

Payaso—Tendrá noticias sobre la muerte de alguien. 88, 44.

Pecas—Incidentes desagradables pueden empañar su felicidad. 67, 84.

Peces—Ver peces en aguas limpias, significa que disfrutará del favor de personas ricas y famosas. Los peces muertos anuncian pérdidas a causa de desgracias inesperadas. Si está pescando, obtendrá riquezas por sus propios méritos. 60, 71.

Pecho—Discutirá con miembros de la familia. 79, 23.

Peinarse—Soñar que uno se peina, predice la enfermedad o muerte de un amigo o pariente. 9, 16.

Pelo—Peinarlo significa pérdida en los asuntos personales debido a su propio descuido. El pelo ralo, indica pobreza causada por un gasto excesivo. Una cabellera abundante y espesa, anuncia una vida próspera y feliz. 9, 55.

Peluca—Llevar una, indica que pronto hará un cambio desafortunado en su vida. Si otros la llevan, está rodeado de gente falsa. 66, 42.

Peluquero—Alguna indiscreción suya en un asunto amoroso puede ser descubierta y dañar su reputación. 4, 37.

Pena—Sentir tristeza en un sueño indica una preocupación inútil por cosas insignificantes. Ver a otros apenados, significa que está cometiendo errores en su vida. 78, 16.

Pendiente—Buenas noticias y un trabajo interesante. 20, 6.

Penitenciaría—Desdicha en el amor y fracaso en los negocios. 29, 78.

Pensión alimenticia—Elude sus responsabilidades. Se avecinan problemas financieros. 30, 61.

Pera—Mala salud y fracaso si las come. Verlas en el árbol es un buen augurio y significa que mejorará todos sus asuntos. 6, 93.

Perejil—Exitos laborales conseguidos con gran esfuerzo. Buena salud y una vida familiar feliz. Si lo come tendrá buena salud pero deberá trabajar mucho para mantener a su familia. 66, 53.

Perfume—Sucederán cosas agradables en su vida, si lo huele. Si lo derrama, perderá algo que le gusta mucho. 82, 4.

Periódico—Tenga cuidado si comete un fraude ya que puede descubrirse. 88, 78.

Perla—Mejora en los negocios. Pronto se llevará una agradable sorpresa. 11, 74.

Perros—Un perro rabioso anuncia mala fortuna y adversarios. Si es amigable y come de su mano, obtendrá ganancias y sus amigos serán sinceros. 32, 43.

Pesadilla—Fracaso en los negocios. Vigile lo que come. 21, 98.

Pesetas—Acuerdos comerciales insatisfactorios y problemas amorosos. Si encuentra pesetas, mejorarán sus negocios. 12, 6.

Peste—Pronto le sucederá algo desagradable. 83, 61.

Piano—Ver uno anuncia un suceso agradable. Tocar el piano indica que conquistará el amor de una posible pareja. Oír su música augura buena salud y éxito en todos los campos. 24, 7.

Picadillo—Comerlo indica que se avecinan penas y vejaciones. Mala salud debida a las preocupaciones, celos mezquinos y placeres vacíos. 11, 8.

Picnic—Felicidad y éxito en el futuro. 19, 1.

Pico—Acuerdos poco inteligentes le causarán pesar y desdicha. 29, 40.

Picor—Tiende a preocuparse por tonterías. Tranquilícese y toda le irá bien. 67, 57.

Pichón—Verlos u oírlos anuncia una vida familiar feliz y unos hijos buenos. 17, 5.

Pie—Ver sus propios pies, es signos de desesperación y pérdida de auto-control. Ver los pies de otro indica que usted controlará todos los asuntos y nadie será capaz de dominarle. 4, 11.

Piedra—Confusión y fracaso. Arrojar una piedra anuncia que echará una reprimenda a alguien. 43, 16.

Piel—Este sueño augura buena suerte. 13, 10.

Pieles—Si viste con pieles en un sueño, nunca pasará necesidad y disfrutará de una gran abundancias. 99, 7.

Piernas—Las piernas limpias y bien formadas aluden a empresas acertadas y buenos amigos. Si la pierna está amputada o es inútil, deberá enfrentarse a la desilusión y la tristeza. 22, 34.

Pimienta—Problemas y preocupaciones por su afición a los chismes. Cuídese del engaño. 23, 42.

Pino—Exito en todos sus negocios. 17, 46.

Pintar—Ver cuadro bonitos es una advertencia contra falsos amigos y diversiones alienantes. Si se ve pintando, el sueño simboliza su satisfacción con el trabajo que realiza actualmente. 56, 92.

Pintura—Tener pintura en la ropa significa desdicha por el descuido de otros. Ver casa recien pintada indica que los planes que ha concebido se realizarán con éxito. 33, 46.

Pinzas—Situaciones desagradables perturbarán su vida. 65, 99.

Piña—Si las recoge o la come, tendrá un gran éxito en un futuro cercano. 67, 3.

Piojo—Preocupación y angustia y también la posibilidad de sufrir una seria indisposición. 22, 31.

Pipa—Si fuma en pipa, pronto le visitará un viejo amigo. 14, 36.

Pirámide—Le esperan numerosos cambios. Si intenta escalar una, deberá recorrer un largo camino antes de alcanzar su meta en la vida. 61, 36.

Pirata—Las mentiras de falsos amigos pueden ponerle en peligro. Si sueña que es un pirata, perderá el soporte y la estima de antiguos amigos y socios. 24, 75.

Pistola—Mala suerte si ve una. Si la dispara, procure no llegar a conclusiones erróneas que le llevarán a ser injusto con una persona. 26, 14.

Pitcher—Exito en los negocios. 32, 14.

Pizarra—Si ve escribir en una pizarra, se enterará de la muerte de un pariente o un amigo íntimo. El sueño también anuncia reveses económicos. 14, 86.

Plaga—Le esperan muchas desilusiones y también problemas con su pareja o cónyuge. 75, 13.

Plancha—Presagio de aflicción y de situaciones desafortunadas. 28, 50.

Planchar—Comodidades domésticas y una vida familiar feliz. Si se quema las manos, tendrá que soportar celos y posiblemente una enfermedad. 21, 76.

Planeta—Le esperan un viaje desagradable y también un trabajo deprimente. 26, 32.

Planta—Preocupación y deseos insatisfechos. Intente no depender excesivamente del dinero para obtener paz y tranquilidad. 46, 94.

Plata—Símbolo del dinero. Si lo necesita lo recibirá. 2, 7.

Plato—En una mujer, el sueño significa que tendrá un buen marido y una feliz vida familiar. 37, 67.

Plegaria—Riesgo de fracaso en sus negocios. 11, 23.

Pleito—Vaya con cuidado, sus enemigos intentan destruir su imagen pública. 29, 90.

Pluma—Si caen a su alrededor, las cargas en su vida serán fáciles de soportar. Las plumas de pollo simbolizan molestias insignificantes. Las plumas negras son señal de problemas amorosos y tristeza en asuntos personales. 8, 41.

Pobre—Preocupaciones y pérdidas. 15, 39.

Póker—Si juega al póker en un sueño, tendrá que protegerse de gente malvada. 83, 14.

Policía—Vencerá a sus adversarios, pero si el policía le arresta, deberá tener cuidado. 76, 82.

Político—Malentendidos entre usted y sus socios y con su familia cercana. 54, 89.

Polka—Bailarla indica que tiene tareas agradables. 76, 43.

Pollos—Si los ve, tendrá problemas por un tiempo, pero acabará superándolos. Los pollos jóvenes indican acierto en sus empresas. Comerlos denota egoísmo y augura aventuras amorosas desafortunadas. 88, 37.

Polvo—Pérdidas en los negocios por los errores de otros. 82, 71.

Polvos—Cuídese de la gente falsa que le rodea. 41, 98.

Poni—Las especulaciones moderadas le resultarán fructíferas. 68, 91.

Porcelana—Pintar o arreglar los objetos de porcelana le augura un hogar acogedor que le dara mucha alegría y confort. 5, 29.

Pozo—Sacar agua de un pozo significa que podrá satisfacer todos sus deseos. Sufrimiento y desgracia si ve un pozo vacío o cae en uno. 87, 37.

Prado—Un prado verde le anuncia abundancia en todos los aspectos. Los prados secos o yermos señalan malas perspectivas. 15, 29.

Pregunta—Será honesto al hacer tratos y triunfará en los negocios. 32, 81.

Premio—Confíe más en sí mismo, ya que superará las dificultades. 22, 16.

Préstamo—Tendrá dificultades para afrontar sus obligaciones. 42, 95.

Prestidigitador—Cuidado con los gastos excesivos. 41, 70.

Primavera—Éxito en sus empresas y una compañía agradable. 1, 92.

Primo—Anuncia desacuerdos y aflicción. Si sueña que recibe la carta amistosa de un primo, romperá las relaciones con su familia. 17, 15.

Princesa—Intente no ser orgulloso y arrogante, sobretodo con sus amigos. 34, 77.

Príncipe—Recibirá un regalo. 67, 93.

Prisión—Mal augurio. A menos que vea salir a alguien de la prisión, el sueño predice desgracia e infelicidad. 44, 6.

Procurador—Sus amigos le causarán más preocupación que sus enemigos. Tendrá discusiones serias que aparecerán de repente. 10, 7.

Profesor—Anuncia que le invitará a una importante celebración. 16, 48.

Prometido—Pronto tendrá que soportar tristes acontecimientos. 8, 31.

Prostituta—Pronto se cuestionarán su honestidad y buena voluntad. 4, 27.

Pudín—Desengaños y escaso éxito en sus negocios. 18, 54.

Puente—Atravesar un puente sin dificultad significa que superará sus problemas. Un puente derrumbándose le advierte sobre personas traicioneras. 16, 38.

Puerta—Atravesar una puerta anuncia difamación. Cerrarla simboliza protección contra sus enemigos. Verla cerrada, la pérdida de buenas oportunidades. 9, 17.

Pulgar—Le espera un futuro incierto, pero encontrará un gran apoyo entre gentes de círculos artísticos. 88, 74.

Pulgas—Maquinaciones mal intencionadas contra usted. Que le piquen significa que su pareja es voluble. 8, 21.

Pulmón—Quizás tenga que enfrentarse a una seria enfermedad. 59, 83.

Púlpito—desacuerdos en los negocios y aflicción en su vida particular. 29, 63.

Quemar—Pronto recibirá buenas noticias. Si se quema usted mismo, aprenderá de sus propios errores. 61, 19.

Queso—Comerlo, denota serias desavenencias. 20, 39.

Quiromancia—Será objeto de sospechas. 82, 69.

Rábano—Buena suerte si lo ve crecer. Si lo come, se llevará un disgusto por el descuido de un amigo. 17, 42.

Rabia—Discusiones e injurias lanzadas contra sus amigos si es usted quien tiene rabia. Si es otra persona, no tiene ante usted un panorama muy alentador en general. 79, 62.

Rabino—Cambios acertado en su entorno. 17, 56.

Raíces—Este sueño es un mal augurio, tanto para los negocios como para su salud. 27, 37.

Rama—Si usted está cubierta de hojas y fruto, gozará de riqueza y prosperidad. Si está seca, tristes noticias de alguien lejano. 18, 32.

Ramo de flores—Si recibe un ramo bonito anuncia que recibirá la herencia de un pariente rico y desconocido. Si las flores están secas, el sueño le augura muerte y enfermedad. 85, 56.

Rana—Tiene un amigo sabio y noble que siempre le ofrecerá buenos consejos. 73, 94.

Raqueta—No disfrutará de una diversión prevista. 97, 54.

Rata—Sus vecinos son hipócritas. Si no tiene cuidado le difamarán. Matar a una rata en un sueño significa que superará todas las dificultades. 18, 74.

Ratero—Reveses en los negocios si es un ladrón en un sueño. Si persigue o atrapa a uno, triunfará sobre sus enemigos. 99, 74.

Ratón—Problemas domésticos y amigos insinceros. Mal presagio para los negocios. 77, 1.

Rayos X—Es posible que sufra alguna quemadura. 90, 67.

Recepción—Compromisos agradables. 66, 81.

Refrigerador—Se verá perjudicado el modo que alguien tiene para ganarse el sustento. 31, 9.

Refugio—Si encuentra refugio, escapará a las maquinaciones de malas personas. Si busca cobijo, evite causar discordia y después querer eludir el castigo. 17, 68.

Registro—Registrarse en un hotel anuncia aventuras y sucesos inesperados. Durante una elecciones anuncia el cambio de gobierno. 11, 4.

Reina—Empresas victoriosas. 77, 16.

Rejilla (de un hogar)—Buena voluntad entre los amigos si hay troncos en el hogar. Si está vacío, pérdida de propiedad y muerte. 34, 43.

Religión—Desacuerdo y separación en negocios y amor. 27, 61.

Remolacha—Fortuna en el amor. Buenas noticias si la come en compañía de otros. 23, 13.

Remolino—Riesgos en sus negocios causados por intrigas. 86, 53.

Reno—Siempre será sincero con sus amigos y aceptará sus responsabilidades. 16, 82.

Reptiles—Si le atacan es que tiene serios problemas en los negocios. Si usted los mata, superará todas las dificultades. 23, 75.

Rescate—Si le rescatan en un sueño, escapará a una posible ofensa y a un contratiempo en los negocios. Si usted rescata a alguien, le apreciarán por su consideración con los demás. 13, 45.

Restaurante—Tenga cuidado con su dieta y evite cualquier exceso. 78, 64.

Resurrección—Soñar que resucita significa que tendrá que hacer frente a un importante problema, pero que finalmente lo superará. 14, 85.

Revelación—Si es positiva, pronto triunfara. Si no lo es, tendra obstáculos que superar. 96, 54.

Revólver—Separaciones y desacuerdos. 89, 36.

Rey—Sus ambiciones pueden absorber lo mejor de usted si no las controla y les da una orientación más constructiva. 12, 73.

Red—Problemas y engaño. 18, 32.

Regalo—Buena suerte en los negocios y el amor, si recibe uno. 55, 89.

Regazo—Sentarse en el regazo de alguien significa que no tendrá preocupaciones ni problemas. Si otra persona se sienta en su regazo, tendrá que afrontar críticas desfavorables. 68, 79.

Relámpago—Felicidad y prosperidad, pero por poco tiempo. Si le alcanza, aflicciones inesperadas le harán fracasar en los negocios y el amor. 66, 47.

Reloj—El sueño advierte que sus enemigos están al acecho. Si oye que un reloj da la hora, recibirá noticias desagradables. Quizás muera un amigo. 86, 20.

Reloj de pulsera—Ver uno, anuncia prosperidad en sus asuntos. Mirar la hora en uno indica que sus enemigos le vencerán. 35, 20.

Revista—Le llegarán noticias del exterior. 31, 76.

Rifa—Pérdida por culpa de especulaciones irreflexivas. 67, 34.

Rinoceronte—Pronto podría sufrir una gran pérdida. si mata a uno, conseguirá superar las dificultades. 27, 79.

Riña—Un gran pesar y discusiones en su entorno. 13, 62.

Riñones—Una enfermedad grave le amenaza. Posible conflicto en el matrimonio o las discusiones entre enamorados. 15, 8.

Río—Un río de aguas apacibles y claras denota felicidad, placer y prosperidad en general. Si sus aguas son turbias o está agitadas, será víctima de los celos y habrá muchas discusiones. 87, 36.

Riqueza—Superará todas las dificultades con voluntad y determinación. Ver a personas ricas significa que tendrá buenos amigos que le ayudarán en tiempo de necesidad. 14, 61.

Riquezas—Si usted es muy rico en un sueño, alcanzará una posición importante trabajando duro. 91, 35.

Risa—Exito en todas sus empresas y muchos buenos compañeros. Una risa burlona anuncia enfermedad y desilusión. 76, 54.

Rival—Soñar que tiene un rival anuncia la pérdida por aplazamientos, de cosas que deberían ser suyas. 46, 52.

Roble—Una gran prosperidad en todos los aspectos de su vida. 32, 94.

Robo—Soñar que roba o ver robar, anuncia mala suerte y malentendidos. 67, 41.

Roca—Felicidad y buena suerte tras un duro trabajo. 5, 94.

Rodilla—Este es un mal augurio que anuncia problemas y mala suerte. 17, 62.

Rojo—Tenga cuidado con las discusiones. Si va vestida de rojo tendrá una apasionada aventura. 55, 7.

Ron—Si en el sueño logra beber el ron, significa que conseguirá tener una salud magnífica pero se entregará a costumbres disolutas si no se controla. 3, 74.

Ropa—La ropa sucia o rota, es símbolo de engaños y manejos ilegales por parte de extraños. La ropa limpia y nueva anuncia prosperidad. 45, 52.

Rosario—Tristeza y problemas provocados por su propias faltas. 15, 6.

Rosas—Ver u oler indica inmensos placeres y éxito en todo, sobre todo en el amor. Es posible que pronto se case felizmente. Las rosas marchitas denotan ausencia de amor. 75, 83.

Rubí—Fortuna en las transacciones comerciales y en asuntos de corazón. Problemas amorosos si pierde uno. 85, 92.

Ruleta—Luchas y conflictos con sus rivales y enemigos. 48, 94.

Ruina—Compromisos rotos entre enamorados y malos acuerdos comerciales. 16, 35.

S

Sacerdote—Este sueño augura desgracias. 78, 45.

Saco—Encontrará un objeto valioso que pensaba que había perdido. 17, 20.

Sacrificio—Numerosos cambios inesperados a su alrededor y no todos para mejor. 28, 71.

Sal—Un entorno poco acogedor, frustra sus esfuerzos por mejorar. Si come sal, su pareja lo dejará por otro. 25, 38.

Salario—Tiene amigos que le ayudan si lo recibe. Pagarlo, denota un descontento creciente. 22, 67.

Salchicha—Hacerla significa que triunfará en todo. Si la come, tendrá un hogar feliz aunque humilde. 34, 76.

Salmón—Buena forma y ocupaciones agradables. Comerlo anuncia un matrimonio feliz con su compañero ideal. 7, 57.

Saltar—Si sueña que salta por encima de algo, superará con éxito todos los obstáculos Si se cae al saltar, pronto se enfrentará a problemas amorosos y pérdidas en los negocios. 42, 89.

Sangre—Una terrible decepción le hará sentir muy desgraciado. Cuídese de los amigos ocasionales y vigile su salud. 99, 89.

Sanguijuelas—Sus enemigos intentan perjudicar sus negocios. 25, 41.

Sánscrito—Investigará todos los temas ocultos con éxito. 17, 32.

Sarampión—Si tiene sarampión, padecerá preocupación y ansiedad por asuntos de negocios. Si otra persona tiene la enfermedad, le preocupará esa persona. 62, 9.

Sardinas—Pasará por sucesos deprimentes. 66, 18.

Sastre—Preocupación por un viaje que realizará. 32, 41.

Satanás—Intente evitar la adulación y la inmoralidad para conseguir sus objetivos. Si le derrota, encontrará la fuerza interior necesaria para vencer poderosas tentaciones. 15, 80.

Secretaria—Pronto recibirá buenas noticias inesperadas. 29, 48.

Secreto—Pronto tendrá buena suerte sin esperarla. 67, 5.

Sed—Aspira a cosas que están fuera de su alcance. Si sacia su sed en un sueño, alcanzará sus aspiraciones . 91, 73.

Seda—Sus ambiciones serán satisfechas. Reconciliación entre parejas que se habían distanciado. 19, 63.

Seductor—Pronto le influirá gente vulgar e ingeniosa. 56, 92.

Selva—Se enfrentará a fuertes adversarios y a dificultades en sus relaciones sociales. 32, 64.

Sello de lacre—Es muy ambicioso y haría lo que fuera por conseguir lo que quiere. 27, 46.

Semana Santa—Le espera mucha felicidad y alegría. Nuevas esperanzas en un amor que ahora parece perdido. 7, 65.

Semental—Prosperidad y honores. 19, 1.

Semilla—Aunque su situación sea mala, pronto encontrará en su camino la prosperidad. 25, 70.

Seno—Si está bien formado, pronto tendrá buena suerte. Si está caído o mal formado, sufrirá desengaños en el amor. 55, 70.

Sendero—Si sueña que camina por un sendero angosto y pedregoso, pronto deberá enfrentarse a la adversidad. Si el sendero está cubierto o bordeado de flores, pronto quedará libre de una pareja agobiante. 99, 5.

Serenata—Buenas noticias sobre amigos que están lejos. 7, 32.

Serpiente—Mal augurio. El sueño anuncia peligros causados por sus enemigos, engaño y desdicha en general. Si la mata, superará todos los obstáculos. 71, 98.

Serrín—Un serio error le traerá muchos problemas en su casa. 31, 94.

Servilleta—Felices encuentros. 34, 55.

Seta—Ver setas, simboliza avaricia y deseos inconfesables. Comerlas, anuncia humillaciones y aventuras amorosas vergonzosas. 78, 69.

Sexo—Hacer el amor con su cónyuge o su pareja indica uniones fructíferas y la satisfacción de sus deseos. Si su acompañante es un extraño, pérdidas y deshonra pública. 18, 62.

Sherif—Anuncia una incertidumbre motivada por cambios inesperados. 23, 87.

Sidra—Ver a otras personas beber sidra significa que caerá bajo la influencia de falsos amigos. Beberlo usted mismo indica que superará todos los obstáculos si se esfuerza más. 51, 72.

Siembra—Sembrar anuncia tiempos provechosos que le darán ganancias en los negocios. 65, 98.

Sierra—Usar una, significa que tendrá mucho trabajo y un hogar feliz. Ver una sierra también es un buen augurio y anuncia un negocio fructífero. 62, 89.

Silbar—Malas noticias le harán cambiar sus planes. Si silba, disfrutará de muchos momentos de satisfacción. 75, 39.

Silla—Fracasará en el cumplimiento de una importante obligación. Si ve a alguien sentado inmóvil en la silla, pronto se enterará de la muerte de esa persona. 8, 71

Sinfonía—Muchas tareas agradables que realizar. 12, 5.

Sirena—Sufrirá desengaños en su vida amorosa. 32, 44.

Sirviente—Le espera buena suerte a pesar de la mala situación actual. Evite enfurecerse porque podría provocar discusiones innecesarias. 34, 92.

Soborno—Le devolverán dinero que prestó a un amigo. 42, 79.

Sobrina—Intentos y preocupaciones inútiles en breve. 94, 62.

Sobrino—Ganancias en los negocios. 79, 51.

Socio—Si su socio es un hombre, pasará por altibajos e incertidumbre en cuestión de dinero. Una socia es señal de tratos comerciales secretos. 67, 53.

Sofá—Reclinarse en un sofá significa que alentará falsas esperanzas. 72, 96.

Sofoco—Disfrutará de una vida larga y placentera. 77, 35.

Sogas—Confusión en su vida, sobretodo en el amor. 41, 60.

Sol—Acontecimientos afortunados y prosperidad. Ver una puesta de sol indica que debe proteger sus intereses, ya que está en mala posición. 24, 72.

Sólo—Felicidad en el futuro. 1, 4, 7.

Soltero—Si es un hombre el que sueña, tendrá problemas con las mujeres. Si es una mujer, tendrá una aventura con un hombre casado. Pérdida de credibilidad en un político. 13, 2, 86.

Sombra—Un enemigo planea hacerle daño. 14, 88.

Sombrero—Un sombrero nuevo indica un cambio de casa y de trabajo que serán ventajosos. Perder el sombre indica, negocios poco satisfactorios y asociados irresponsables. 82, 8.

Sonrisa—Pronto encontrará nuevas alegrías que aliviarán sus penas pasadas. 45, 72.

Sótano—Tendrá muchas dudas y perderá la confianza en su propia capacidad. Debe esforzarse por fortalecer su voluntad si quiere salir adelante. 66, 90.

Subasta—Brillantes expectativas en sus tratos comerciales. Soñar que se adquieren objetos en una subas augura buena suerte para comerciantes y granjeros. 18, 75, 3.

Subterráneo—Si desciende a un sótano, tendrá que buscar en su interior la solución a sus problemas. Si está atrapado en uno, se encontrará dentro de una rutina de la que le será muy difícil salir. 98, 59.

Sudor—Sus problemas actuales desaparecerán en breve y serán sustituidos por honores. 19, 3.

Suegra—Reconciliación cordial con alguien querido. 11, 70.

Suegro—Disputa con amigos o parientes. Si está contento, se producirán reuniónes felices en su familia. 73, 46.

Sueño—Si duerme en un lugar agradable tendrá paz y el amor de sus seres queridos. Si no es un lugar agradable, pronto sufrirá molestias y la ruptura de compromisos. 76, 45.

Suicidio—Le espera la desdicha si se suicida en un sueño. Si otros lo hacen, el fracaso de otros perjudicará sus asuntos. 66, 51.

Sujetador—Alguien está disfrutando de aquello que usted más desea. 7, 13.

Sulfuro—No descuide sus asuntos, alguien intenta perjudicarle. Si lo come, disfrutará de buena salud y tendrá muchas satisfacciones en su vida en general. 81, 92.

Sumergirse—Cuidado con las especulaciones, pueden salirle caras. 82, 40.

Suspiro—Sentirá tristeza pero la superará gracias a las buenas perspectivas. 34, 57.

Susurro—Chismes malintencionados. 11, 3.

Tabaco—Exito en los negocios pero desdicha en asuntos amorosos. 16, 56.

Talismán—Tendrá amigos agradables y ayuda de gente poderosa. 51, 86.

Tambor—Oír el sonido de un tambor indica que un amigo que está lejos está en un apuro o necesita su ayuda. Ver uno denota una feliz relación con sus amigos. 81, 93.

Tarántula—Si no tiene cuidado sus enemigos lo aplastarán. Matarla indica que superará las dificultades. 97, 53.

Tarde—Una tarde soleada indica que hará amistades buenas y duraderas. Si la tarde es lluviosa y gris, tristeza y riñas. 78, 65.

Tarjeta de San Valentín—Enviar una indica que ha desaprovechado varias oportunidades de enriquecerse. Recibir una significa que su cónyuge será débil pero apasionado. 44, 82.

Tarro—Si el tarro está vacío le esperan pobreza y aflicción. Si está lleno tendrá éxito en su trabajo. 36, 71.

Tartamudez—Le acosarán las preocupaciones y la enfermedad. 26, 7.

Tatuaje—Un problema inesperado lo obligará a ausentarse de su hogar por un largo período. En otras persona, el tatuaje predice celos, debido a amantes extraños. 13, 58.

Taxi—recibirá un aviso apresurado. 8, 71.

Té—Dificultades imprevistas en sus asuntos. 39, 26.

Teatro—Una profunda satisfacción en general y alegría gracias a sus amigos. 37, 59.

Tejado—Si está sobre un tejado tendrá un gran éxito en todos sus asuntos. Si se cae, pasará por una terrible desgracia. 27, 68.

Tejido—Superará todos los problemas que le aparezcan en su vida y conseguirá reunir una fortuna. 73, 66.

Tela de araña—Tenga cuidado; amigos engañosos intentarán abortar sus planes. 82, 77.

Teléfono—Le rodean los celos y la envidia, pero triunfará sobre los contratiempos. 17, 58.

Telegrama—Pronto recibirá noticias desagradables. 94, 36.

Telescopio—Se acercan momentos difíciles en los negocios y el amor. Ver planetas con él, augura viajes placenteros. 16, 81.

Temblar—Su vida amorosa mejorará pronto. 32, 51.

Tenedor—Sus adversarios se mueven a sus espaldas para perjudicarlo. También predice la separación de los enamorados. 85, 54.

Terciopelo—Exito en los tratos comerciales. Vestir con terciopelo significa que conseguirá honores. 75, 39.

Termómetro—Tratos comerciales poco satisfactorios y problemas en casa. Enfermedad si ve uno roto. 7, 62.

Ternero—Si pastan en un prado verde, se producirán numerosos encuentros afortunados y le está reservada una gran alegría. Pronto disfrutará de riqueza y prosperidad. 16, 25.

Terremoto—Fracaso en los negocios y posibilidad de guerra entre naciones. 37, 71.

Tesoro—Encontrar uno, significa que encontrará a una persona que le ayudará a alcanzar sus metas vitales. Perderlo, anuncia pérdidas en los negocios. 23, 97.

Testamento—Redactar un testamento significa que deberá tomar decisiones difíciles y tendrá problemas. 53, 28.

Testigo—Ser testigo de la acusación augura depresión y problemas. Que presenten testigos contra usted denota tirantez con sus amigos por su falta de cooperación. 75, 41.

Tetera—Le espera un duro trabajo. Si está llena de agua caliente, sus esfuerzos pronto terminarán en victoria. 6, 81.

Tiburón—Cuídese de sus enemigos y de los celos y la envidia disimulados. 89, 24.

Tiempo—Fluctuaciones en su vida. 38, 92.

Tienda—Verla significa que tiene amigos envidiosos que se esforzarán por anular sus posibilidades de éxito. 14, 82.

Tienda de campaña—Cambios en sus asuntos. 76, 43.

Tierra—La tierra fresca alrededor de las flores indica un entorno saludable y una vida larga. Si su ropa está manchada de tierra, correrá el riesgo de contraer una enfermedad infecciosa. 71, 41.

Tierra (planeta)—Es inminente un cambio fundamental en su vida. Es posible que se traslade a otro país. 43, 29.

Tigre—Sufrirá el acoso de sus enemigos. Fracaso si el tigre lo ataca o lo hiere. Si es usted quien le mata, superará toda la oposición. 38, 73.

Tijeras—Anuncia celos y discusiones entre la pareja o el matrimonio. 77, 64.

Tinaja—Una tinaja llena de agua, denota una vida familiar feliz. Disputas familiares y disensiones si está vacía. 25, 38.

Tinta—Derramarla indica sufrimientos debido a la envidia de otros. Verla indica rivales peligrosos y tratos comerciales fallidos. 18, 77.

Tínte—Cambios inesperados en su vida. Los tintes, azul, rojo y dorado indican prosperidad. El negro y el gris, son señal de mala suerte y desdicha. 11, 82.

Tía—Será duramente criticado por sus actos. 32, 92, 8.

Tío—Malas noticias. 79, 50.

Tiza—Si la utiliza, conseguirá honores públicos. Si la sostiene con las manos, sus asuntos personales recibirán un revés. 48, 10.

Tobillo—Alguien le ayudará sin que lo sepa. 66, 71.

Tomates—Si se los come, buena salud y felicidad en su hogar. 65, 49.

Tonel—Si está lleno, se aproximan buenos tiempos y prosperidad. Si está vacío, su vida no será fácil. 91, 11.

Topacio—Muy buena suerte y compañeros agradables. 17, 68.

Torbellino—Pasa por un cambio desastroso en su vida que podría traerle mucha desdicha. 8, 32.

Tormenta—Enfermedad y tratos comerciales desfavorables. También augura la separación de los amigos. 14, 66.

Tornado—Disgustos en los negocios y problemas en casa. 27, 63.

Tornillo—Debe realizar trabajos agotadores a cambio de una escasa remuneración. 14, 23.

Toro—Si le persigue, posibles dificultades en los negocios. Si es dócil y saludable significa que es usted quien gobierna su vida. 92, 16.

Torre—Ver una torre, denota grandes ambiciones. Si sube a una, sus ambiciones se realizarán. 68, 47.

Tortilla—Cuídese de la adulación y del engaño. Si en el sueño se come la tortilla, alguien en quien confía se aprovechará de usted. 34, 61.

Tortuga—Un acontecimiento extraño le reportará felicidad y ganancias en sus negocios. 73, 81.

Tortura—Que lo torturen indica disgustos y peleas por el engaño de falsos amigos. Si usted tortura a otros, fracasará en la ejecución de unos planes que podrían asegurar su fortuna para el resto de su vida. 84, 76.

Trabajo—Si se ve trabajando, triunfará en la vida por su determinación y su vitalidad. Ver a otros trabajando significa que habrá condiciones favorables para usted. 67, 12.

Traidor—Sus enemigos intentarán destruirle. 8, 94.

Trampa—Si cae en una trampa, le vencerán sus enemigos. Una trampa vacía, anuncia desdicha. 24, 71.

Tren—Ver un tren significa que pronto hará un viaje. Si va en un tren que se desplaza sin traqueteos, llevará a cabo sus planes y sus esperanzas se cumplirá. 26, 55.

Triángulo—Separación de los amigos y ruptura de relaciones amorosas tras amargas disputas. 27, 81.

Trigo—Los campos de trigo, auguran una enorme fortuna, prosperidad y una amor fiel. 76, 41.

Trinchar—Si trincha un pollo, siempre tendrá problemas financieros. Trinchar otro tipo de carne, es señal de malas inversiones y problemas en los negocios. 69, 59.

Trineo—Procure no formarse juicios equivocados en los negocios y en el amor. 78, 92.

Trompeta—Algo extraño está a punto de suceder en su vida. Si toca una, se cumplirán sus deseos más profundos. 46, 83.

Tronco—Nadará en la abundancia y la alegría. 55, 19.

Trono—Si está sentado en uno, recibirá altos honores y distinciones. Ver a otros en un trono, significa que conseguirá riquezas gracias a la ayuda de otros. 90, 85.

Trueno—Reveses en los negocios y dolor para alguien cercano a usted. 65, 48.

Tubería—Un desagüe, una tubería de gas o de cualquier otro tipo augura prosperidad en su entorno. 14, 36.

Tumba—Tristeza y decepción en los negocios. 83, 50.

Túnel—Mala suerte en los negocios y el amor si atraviesa uno. Preocupaciones en breve si mira dentro de uno. 43, 97.

Turista—Si es usted un turista en el sueño, viajará lejos de su hogar y disfrutará mucho. Ver turistas indica ansiedad en el amor y mediocridad en los negocios. 36, 59.

Turquesa—Pronto se hará realidad uno de sus mayores deseos. 67, 42.

Ulcera—Pérdida de amigos y separación de sus seres queridos. 33, 54.

Uniforme—Ver uno, indica que amigos poderosos lo ayudarán a alcanzar sus más altos objetivos. 34, 17.

Universidad—Alcanzará la posición que desea. 4, 61.

Uñas—Si están bien cuidadas, el sueño denota gustos refinados y logros literarios. Si está sucias, infelicidad en su familia a causa de errores de sus jóvenes. 81, 32.

Uvas—Preocupación e inquietud si las come. Si las ve en la vid, pronto conseguirá riquezas y distinciones. 82, 37.

Vacaciones—Anuncia un año próspero y feliz para usted 78, 54.

Vacas—Ver vacas con las ubres llena, augura abundancia y felicidad. 35, 28.

Vacunación—Descontento en los negocios y problemas en su vida amorosa. 7, 62.

Vadear un río—Si el agua es clara experimentará grandes alegrías. Si está turbia, enfermedad o dolor. 16, 38.

Vals—Ver a alguien bailar el vals indica una relación feliz con buenos amigos. Bailar con alguien, sobretodo con su pareja, indica placer sexual y una apasionada aventura con esa persona. 10, 7.

Valle—Un valle verde le augura mejoras en los negocios y alegrías en el amor. Esta predicción se invierte si el valle está yermo. 32, 74.

Vampiro—Problemas matrimoniales provocados por la avaricia. 18, 74.

Vapor—Compañías deprimentes. 91, 27.

Vara—Es usted demasiado crítico y sus amistades y compañías se resienten por ello. 47, 25.

Vaticano—Honores inesperados de gente importante. 23, 98.

Vecino—Murmuraciones y discusiones inútiles. 46, 15.

Vejez—Soñar con la vejez predice el fracaso de sus empresas. Verse a uno mismo viejo indica enfermedad y anuncia acuerdos comerciales poco satisfactorios. 66, 68.

Vejiga—Exito y placer. 7, 90.

Vela—Si ve la llama de una vela brillante y clara, puede contar con la amistad de quienes le rodean y esperar buena suerte en todo. Apagar una vela, augura la muerte de un pariente o alguien cercano. 37, 59.

Velo—Insinceridad y engaño si lleva uno. Un velo bonito o uno de novia anuncian cambios acertados en el futuro. Si otros llevan velos, deberá cuidarse de falsos amigos. 76, 40.

Vena—Ver sus propias venas significa que está protegido contra las calumnias. Si sangran, este preparado para afrontar dolor y mala suerte. 8, 47.

Veneno—Anuncia desavenencias y dificultades en su entorno. 62, 43.

Venganza—Pérdida de amistades y peligro a causa de sus enemigos. 23, 67.

Ventana—Empresa infructuosa y esperanzas frustradas. 48, 60.

Ventrílocuo—Tenga cuidado con posibles traiciones. 65, 81.

Verduras—Buena suerte inesperada si las come. Si están podridas o secas sentirá una gran tristeza. 18, 95.

Verja—Si atraviesa una verja, recibirá malas noticias sobre alguien ausente. Una verja cerrada augura problemas en sus futuros negocios. 54, 37.

Verrugas—Si tiene verrugas, atacarán su honor. Si son otros los que las tienen, enemigos encarnizados se preparan para atacarle. 18, 72.

Vestido—Problemas en su vida causados por una mujer intrigante. 33, 13.

Vía del tren—Verla significa que sus negocios necesitan una mayor atención, ya que puede perderlos por las manipulaciones de otros. Si camina por la vía del tren, sus empresas serán fructíferas. 23, 80.

Viajar—Beneficios mezclados con placer. Viajar en un vehículo testado de gente anuncia aventuras con buenos amigos. 67, 8.

Viaje—Beneficios si el viaje es placentero y pérdidas si es desagradable. 65, 32.

Viaje (por mar o aire)—Recibirá una herencia. 1, 9.

Víbora—Le amenazan desgracias. Si mata a la víbora, escapará ileso de los peligros que le rodean. 83, 94.

Vicario—Si no tiene cuidado, sus celos y la envidia pueden llevarle a cometer acciones irracionales. 22, 94.

Vicio—No arriesgue su reputación por malas compañías. 30, 6.

Víctima—Si usted es la víctima , corre el riesgo de ser subyugado por sus enemigos. También habrá problemas familiares. 49, 2.

Victoria—Vencerá a sus enemigos y disfrutará del amor. 5, 75.

Vid—Prosperidad, éxito y buena salud por un tiempo. 26, 78.

Vieja—Muchas penas en el futuro próximo. 23, 78.

Viejo—Le perturbará obligaciones desagradables. 13, 73.

Viento—Si es suave, recibirá una importante suma de herencia. El viento fresco indica que vencerá la tentación y alcanzará fortuna y una posición por su esfuerzo y determinación. 55, 91.

Vinagre—Beberlo indica discordia por una empresa desagradable. Mal augurio en todos los aspectos. 8, 68.

Vino—Denota alegría y buenas amistades. Ver barriles de vino augura lujo y prosperidad. 57, 71.

Violación—Si una mujer sueña que la violan tendrá problemas amorosos y es posible que separe de su pareja. 17, 39.

Violencia—Si es usted la víctima, sus enemigos le superarán. Si usted es quien ejerce la violencia, perderá mucho por su comportamiento derrochador y negativo. 18, 53.

Violetas—Le esperan momentos felices y el amor de una persona realmente maravillosa. 55, 77.

Violín—Ver u oír un violín indica paz y armonía a su alrededor y también ganancias en los negocios. 73, 26.

Virgen—Buena suerte en todos sus negocios. 58, 31.

Visita—Visitar a alguien en un sueño significa que disfrutará de entretenimientos agradables. Si la visita es desagradable, cuídese de gente maliciosa o falsa. 88, 46.

Viuda—Si sueña que es una viuda, discordia a causa de personas maliciosas. 32, 69.

Volar—Si vuela muy alto tendrá problemas matrimoniales. Volar bajo anuncia enfermedad y molestias que pasarán con el tiempo. 32, 6.

Volcán—Ver un volcán en erupción anuncia violentas discusiones y discordia. 69, 35.

Vómito—Pasará por una enfermedad que puede resultarle costosa o por un escándalo si usted vomita en el sueño. Ver a otras persona vomitar, significa que se dará cuenta de la falsedad de alguien en quien confiaba. 16, 48.

Voto—Soñar que vota, significa que participa en un problema comunitario. 29, 73.

Votos—Hacer o escuchar los votos significa que le demandarán por sus negocios ilegales. También está amenazados sus asuntos amorosos. 24, 79.

Voz—Si las voces son agradables, el sueño anuncia reconciliaciones. Si no lo son, desengaños. 28, 14.

Vuelo—Habrá un cambio repentino que le beneficiará. 38, 27.

Xilófono—Se aproximan tiempos felices. Si toca uno, controlará bien su vida y alcanzará un éxito mucho mayor de lo que esperaba. 7, 69.

Yate—Distracciones fuera del trabajo. 71, 90.

Yema de huevo—Pronto tendrá buena suerte en los juegos de azar. 64, 98.

Yugo—Se adaptará en contra de su voluntad a los gustos y hábitos de otro. 38, 64.

Yunque—Si el yunque se está usando y desprende chispas, el sueño anuncia discusiones y problemas entre colegas. También puede augurar un trabajo agradable y un gran éxito para la mujer. Un yunque roto, simboliza oportunidades desperdiciadas. 35, 37, 53.

Zafiro—Buena suerte y ganancias cuantiosas. 12, 9.

Zanahoria—Ver una zanahoria, augura prosperidad y buena salud. Comerla, significa que se casará joven con una persona cariñosa y agradable. 55, 2.

Zapato—Su actitud crítica le granjeará muchos enemigos si no es más discreto al expresar sus opiniones. Los zapatos nuevos, denotan mejoras en su vida. 11, 65.

Zinc—Progresos importantes en sus negocios. 97, 45.

Zodíaco—Buena suerte en los negocios y felicidad y tranquilidad en su vida personal. 38, 49.

Zombi—Anuncia que personas falaces le hacen ir por el camino equivocado. Intente ejercer un mayor control sobre su propia vida. 72, 31.

Zoo—Ganancias a través de un viaje. Altibajos en general. 13, 7.

Zorro—Acosar a un zorro, significa que se ha metido en asuntos turbios y aventuras amorosas peligrosas. Si mata a uno, culminará con éxito todas sus empresas. 54, 37.

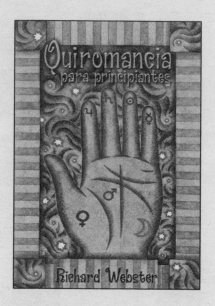

Richard Webster

QUIROMANCIA PARA PRINCIPIANTES

Realice fascinates lecturas de la mano a
cualquier momento, y en cualquier lugar.
Conviértase en el centro de atención con sólo
mencionar sus habilidades como adivinador.
Una guía que cubre desde las técnicas básicas,
hasta los más recientes estudios en
el campo quiromántico.

5³⁄₁₆" x 8" • 240 págs.

0-7387-0396-6

Octavio Déniz
CÓMO ENTENDER SU CARTA ASTRAL

La carta astral es la herramientamás eficiente
para interpretar la relación entre el
ser interior y el universo.
Cómo entender su carta astral le enseñará a
entender los elementos que conforman
la carta astral para comenzar una exploración
fascinante hacia el universo interior.

7½" x 9⅛" • 312 págs.

0-7387-0215-3

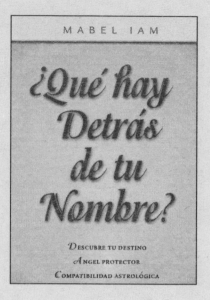

Mabel Iam

¿QUÉ HAY DETRÁS DE TU NOMBRE

Mabel revela en esta obra cómo emplear las cualidades y los poderes en nuestro nombre para fortalecer el autoestima y mejorar las relaciones con los demás. Contiene el significado de las letras, la personalidad detrás de los nombres, el Ángel correspondiente para cada nombre y su compatibilidad astrológica.

5³⁄₁₆" x 8" • 384 págs.

0-7387-0257-9

Migene González-Wippler

LEYENDAS DE LA SANTERÍA
PATAKI

Adquiera mayor entendimiento sobre los
orígenes de la Santería. La antropóloga cultural
Migene González-Wippler, recopila cincuenta
auténticos Patakis (leyendas) en donde
los Orishas (deidades de la santería)
representan todos los arquetipos que
simbolizan la condición humana y describen
la creación de la tierra y de la humanidad.

5³⁄₁₆" x 8" • 288 Págs.
1-56718-294-1